「小さなお店」で
10年後も勝ち続ける

# コンサルの

# 数値化戦略

*Terayama Taimu*
株式会社Entime 寺山大夢

SOGO HOREI PUBLISHING CO., LTD

# はじめに

“ローカル”で実店舗を経営されている経営者の皆さん、**都会（人口や企業数が多い都心部）と同じやり方がローカルでは通用しない**ということにお気づきですか。

ローカルには、都会とは異なる文化やライフスタイル、経済状況が存在しています。それ故に、ローカルな店舗に求められる価値観やニーズも異なります。

ローカルで店舗を経営する際には、都会と同様の汎用的な手法ではなく、地域独自の文化や風習といった「地域性」に合わせた戦略やアプローチが必要です。さらに、オンライン販売が急速に普及している現代においても、実店舗の存在感や顧客サービスの質が重要であることも忘れてはなりません。

地域を問わず、センスのある経営者はたくさんいらっしゃいます。私が日頃からよく接している経営者も、整体院や美容院など技術力がモノを言う実店舗のオーナーが多いです。一流の技術を持ち、人間的にも魅力のある人ばかりです。

しかし、ローカルの店舗経営は、技術力さえあれば天井知らずに業績が伸びていくわけではありません。顧客サービス、人材教育、社内インフラの整備、PR活動など、業績を伸ばすために経営者が考えなくてはならないことは、例をあげきれないほどあります。

しかしながら、巷（ちまた）にあふれている経営戦略に関する情報はほとんどが都会向けのもの。それ故に、ローカルの経営者がそれらの情報をもとに実践しても、うまくいかないケースが多いのです。つまり、地域社会との深い関わりを持ち、地元の人々のニーズや要望に応えられる経営戦略を取り入れることが、ローカルな店舗の成功につながるのです。

私がローカルの経営者と話す中で、「もっと売上を伸ばしたい」「集客をしたい」「SNSの運用方法が分からない」「従業員にSNSを任せたい」といった悩みが多く聞かれます。

都会であれば、人口が多いので、新規のお客様をたくさん呼べるでしょう。そして、SNSが得意な人材を確保することも難しくはないはずです。

**ローカルでは、地域的特性を理解したうえで経営する必要があります**。そもそも人口が少なく、移動手段が自動車中心で商圏（自分の店が集客できる範囲）も狭いため、新規顧客を獲得するには限界がありますよね。さらに、人手や資金が不足している中で、本業以外にリソース（経営資源）を割くのは難しいでしょう。

私は、**何かを始める前に、「やるべきことをやっていない」経営者や店舗が多い**と感じています。

例えば、正確に店舗の「数字」を把握していますか？　その数字をもとに、しっかりと経営の「分析」ができていますか？　従業員は経営者の言葉を理解し、指示通りに動いてくれていますか？　どのようにアプローチすればお客様が来てくださるか、把握できていますか？

先ほどあげた経営者のお悩みは、**正しく「数字」を分析すれば、すべて解決できます**。

私は2021年7月に宮崎県で会社を立ち上げ、ローカルの実店舗向け（主に整体院、美容院、歯科医院、不動産、カーディーラーなど、対個人向け〔BtoC〕かつ顧客管理が必要な事業者）に競合に勝つ事業設計から集客、販売戦略までのトータルサポートを行っています。必要に応じて、LINE公式アカウントやLステップの構築、InstagramやTikTokなどの運用、分析・改善の支援をさせていただくこともあります。

この仕事を始める前は、外資系企業で医療機器の営業をしていました。畑違いの業界出身なので人脈もコネも何もないところから、多くの方の協力を得ながら戦略を立てて事業を作ってきたことは、私の強みの一つです。

私がサポートさせていただいている店舗は、開業3年以上、年商3000万～1億円ほど、従業員が3～15名程度の規模です。まず、それらの店舗の過去の売上や諸経費といった、すべての「数字」を可視化します。そして数字を分析してから、業務効率化や売上増加につながるマニュアル作りや施策の提案などをしています。どの部分を改善すれば売上が伸びるのか、一つの面だけでなく総合的に判断することで、再現性の高い方法を提示できるのです。

このノウハウを多くの経営者に知っていただければ、店舗が成長していくと同時に、ローカルを盛り上げていくことに直結すると考えています。

ローカルに、その土地ならではの特性があることは皆さんも感じていらっしゃると思います。

本書では、地域独自の風習や特殊なカルチャーなども踏まえながら、ローカルでどのように店舗経営を展開していけば飛躍できるのかをお伝えします。

本書を読めば、これまで抽象的に把握していた数字を、具体的にどうアクションをしていけば経営を右肩上がりにできるのか、ご理解いただけるでしょう。実在のローカル店舗の経営が改善した事例をもとに解説していきたいと思います。

## 目次

## 第2章 「数字」の力を200%活かすテクニック

## 第3章 武器になる「数字」の活かし方① スタッフの能力差をなくす

## 第4章 武器になる「数字」の活かし方② 商品・サービスの認知度を上げる

## 第5章 武器になる「数字」の活かし方③ 目標をスタッフへ落とし込む

## 第6章 「数字」の力を250%高めるDXテクニック

## 終章　「数字」を武器に、次なるステージへ



ブックデザイン／木村勉
図表・DTP／横内俊彦
校正／黒田なおみ（桜クリエイト）

# 序章

## 会社の「数字」、
## 分かっていますか？

# 数字は安心と信頼を生む

あなたが何かに信頼を寄せるとき、どのような要素をベースにしていますか？　私は、**数字が安心と信頼を生む**と思っています。例えば、「この会社は、どんな会社なのだろう」と思ったときに、「創業100年」と分かると「かなりの老舗なのだな」というリスペクトの気持ちが生まれます。

自己紹介でも同じです。私のことを知らない人に「店舗経営のコンサルティングをして、数カ月で売上を伸ばすことに成功しました」とだけ言っても、一体どれほどの実績があるのか、まったく見えてきませんよね。

そこで、「整体院で、サポートを開始した3カ月後に月間売上を150万円アップさせました」「客単価3000円の焼肉屋で、来店数を300人ほど増やし、1カ月あたりの売上が平均100万円上がりました」と伝えるといかがでしょうか。**数字を入れることで、曖昧(あいまい)だった私の実績に具体性が増しました**。

また、「3カ月」「150万円」といった日数やお金の単位は、誰にとっても明確な基準となります。**評価の尺度に共通認識が生まれる**ことで、安心と信頼を得られるのです。

## 数字を示せば正しく伝わる

共通認識を持つということは、指示を出す・受ける際にも非常に有効です。

経営者の皆さんは、話をすること自体は得意な方が多く、市場を開拓してきた実績もあります。しかし、頭の中で考えていることを伝えるときに、なぜか表現力や想像力を欠いてしまうのです。「わざわざ言葉にしなくても、伝わっているだろう」と思い込んでしまう方が多いのでしょう。

**経営者が難なくこなしていることを、従業員も同じクオリティーでできるわけではありません。**だからこそ、**経営者は視座[※1]を下げ、誰にでも理解できる言葉や数字を使って指示を出す必要があるのです。**

実際にあった事例でお話ししましょう。

私がサポートしている整体院が6周年を迎え、より多くのお客様に来店してもらうべく、新たなキャンペーンを企画しました。その際に、"来店履歴のある方で、疎遠になってしまっているお客様"にアプローチしてみようという話が出たのです。そこで経営者が従業員に出した指示は、「名簿を全部出して、その中から過去に来院していて、今は来院していない太客をあぶり出して」というものでした。

この指示では、人によって解釈が異なる可能性が考えられ

※1　物事を見る姿勢や立場のこと

ます。結局この指示は従業員に正確に伝わらず、350人分の名簿から太客を絞り込む作業を経営者も手伝うことになりました。では、どのように伝えればよかったのでしょうか。

認識のズレをなくすためには、次の2点が重要です。

- 「過去」の期間を明確にする
- 「太客」の定義（どのような条件を満たした人が太客なのか）を伝える

つまり、**定量的[※2]な側面に関する指示がなかった**のです。

従業員に指示通りに動いてもらいたいのであれば、「直近3カ月来院がなくて、かつては1カ月に1回来院していた人をあぶり出して」と伝えるべきです。

“太客”といった言葉は、人により定義が異なる曖昧な表現です。抽象的な表現を避け、誰もが共通して分かる数字を入れた指示を出せていたら、経営者が事務作業に時間を取られずに済んだはずです。さらに、指示を受けた従業員も作業への迷いがなくなり、短時間で完遂できるでしょう。

## 情報共有すれば、経営者は現場から離れられる

「伝える」ということでもう一つ大切なことは、**経営者の実績や経験、技術を整理し文字に起こして、マニュアルを作る**

※2　物事を数値や数量で表すこと。客観的に数値として把握できる情報を指す（↔定性的）

**こと**です。

マニュアルがなければ、経営者自ら、従業員が仕事をできるようになるまで技術や経験を教えなくてはなりません。しかし残念ながら、指導まで手が回らず、お店の売上の大半が経営者に依存しているケースが多いのです。売上を伸ばそうと思っても、同じレベルの仕事ができる従業員がいないために、いつまでも現場から離れることができません。

「忙しすぎるけれども、結果的にお店は回っている。売上も作れている。だからこのままでいい」と考えてしまう方も多いと思います。ところが近年、新型コロナウイルス感染症などの影響で、経営者が体調不良で仕事を休んだ途端、売上がガクンと下がってしまった店舗をたくさん見てきました。

経営者がずっと現場に入らなくてはならない状態は、店舗運営に無理が生じてきます。事業拡大を目指すのであれば、**これまでに培った経験を従業員に教え込み、経営者はマネジメントや資金調達などに注力する**ほうが、効率がいいと思いませんか。

マニュアルを作ったところで、店舗の売上には関係がないように感じるかもしれません。しかし、経営者の技術や理念を丁寧に従業員に伝えることは、中長期的にビジネスを成長させることにつながります。そのため、時間を割いてでも着手することをおすすめします。

# 従業員に数字を見せて、目標を明確化する

思考を言語化するのが苦手であることに加えて、数字を可視化して経営状況を見せることが苦手な経営者もいます。店舗経営のために知っておくべき数字でも、従業員に共有せず、経営者の頭の中だけで完結してしまっているのです。そのため、店の目標などが従業員にまったく伝わっていないケースが多いと感じています。

目標が曖昧なまま、日々の業務をこなしているだけという店舗も、たくさんあるのではないでしょうか。経営者自身が数字を深く理解していないため、従業員にも伝えられず、ついつい放置してしまっているのが現状なのだと思います。

さらに、いざ数字と向き合おうと決意しても、日々の業務で疲れてしまい、事務作業をする余裕がないという経営者も多いです。仮に時間を捻出したとしても、自分で経営戦略を立てるにはどこから手をつけたらいいかが分からず、現場でバリバリ働いて、売上を立てるほうが会社のためになるはず……といった心理が働くのでしょう。これでは、いつまでたっても“その場しのぎ”の経営になってしまいます。店舗は成長するどころか、疲弊していくだけです。

これらが、私がこれまで見てきたローカルの実店舗経営者の実態です。皆さんにも思い当たる点があるのではないでしょうか。

従業員に、細かい数字まで伝えるべきか。それは、**店舗として達成したい目標によって異なります**。

目標を「来期の売上を前年比＋30％する」と決めたら、あなたならどのような指示を出しますか？　例えば、美容院の場合、次のような指示をすることが求められます。

- **前期はどの商品によって売上が立っていたのか**
  ……カット＆カラー（1万円／人）のプランが売れた
- **店舗として1カ月でいくら売上を立てればよいのか**
  ……前期の平均売上は月に100万円だったが、30％アップするために、来期は1カ月に130万円売上があれば達成できる
- **従業員は1人あたり毎月いくら売上をアップすれば達成できるのか**
- **具体的にどういう仕事をすればいいのか**
  ……Aさんには月30万円伸ばしてほしい。そのために、新規のお客様に平日5人来ていただく。この5人のうち3人がリピートしてくださるよう、アプローチしてほしい

ここまで丁寧に伝えてこそ、目標が活きてきます。

従業員一人ひとりが日々コツコツとこなせる目標を、はっきりした数字を示して具体的に伝えることで初めて、どのように努力すればよいのかが分かります。**大きな目標が決まっ**

**ていても、詳細な目標がぼんやりしていたら、目標に向かって実行すべき業務が見えてこないのです。**

ただがむしゃらに日々の業務を「頑張る」というだけでは、予測が立ちにくく、モチベーションも長続きしないということを覚えておいてください。

## 目標がないことの落とし穴

目標があればまだいいほうで、目標自体を決めていない経営者の方もいらっしゃいます。過去の月商がずっと200万円であったため、「その金額さえ下回らなければいい」という安定志向の経営者に多い傾向です。

安定志向が悪いわけではありません。目標を立てていないことが問題なのです。なぜなら、**目標があるからこそ達成した要因を分析できる**からです。目標を達成できなくても、その原因を探ることが可能となります。

売上が下がると、感情的になってしまうこともありますよね。しかし、売上が下がった原因をきちんと分析できていれば、落ち着いて対処し、次月は必要な行動を取れます。**店舗売上の構成内訳を確認することで、次月以降のアクションにつなげられる**のです。

こうした検証を繰り返すことで、会社は成長します。とはいえ、目標自体がなければ改善しようがありません。それが店舗経営にマイナスに働くのです。

目標が定まっていないことによる悪影響は、これだけではありません。

経営者で、「いつ売上が下がるか不安だ」とおっしゃる方がいます。**毎月の目標となる数字を決めて、「売上がこれだけあれば事業として継続可能なレベルである」というボーダーラインを知っておけば、不安に思う必要はありません**。売上のボーダーラインは、安心できる材料になります。例えば、売上が固定費を下回らなければ、来月の店の運営はどうにか継続できますよね。

売上の根拠となる数字が明確でないために、「休めない」「体調を崩したら終わり」という焦燥感から、経営者自身が誰よりも働いてしまうのです。数字を正しく把握・分析し、数字をもとに目標を立てれば、こうした悪循環に陥ってしまうことはなくなります。

**数字は経営課題をあぶり出します**。共通認識できる数字を使って目標を共有すれば、何をどれだけ売ればいいのか、どう動いていけばいいのかが分かり、課題の解像度が上がると同時に、課題の理解にもつながります。

目標を達成するためには、経営者だけが数字を把握しているのでは不十分です。一緒に達成してくれる従業員一人ひとりにも、分かりやすく数字を共有しましょう。

# 今ある悩みは「数字」で解決できる

これまでお伝えしてきたことを踏まえると、ローカルの店舗経営での悩みは、以下に集約できると思います。

- 売上を伸ばしたい
- 新規顧客を増やしたい
- リピーターを増やしたい
- 従業員に経営者の思いが伝わらない
- お客様への案内の仕方が分からない

これらの悩みは、「数字」を細かく分析していくことで、すべて解決できます。

しかし、業態や店舗の特性により、それぞれ見るべき数字は異なるので、実際の数字を例にあげてご説明します。ご自身の店舗と照らし合わせながら読み進めていただければ、理想とする店舗経営に一歩ずつ近づけるでしょう。

# 第1章

# 経営課題は「数字」が救う

# 数字は課題を表面化する

具体的に「数字を分析する」と言っても、何をどのように分析すればよいのか、なぜ分析しなくてはならないのか、ピンときていない方も多いと思います。

「はじめに」でもお伝えしましたが、ローカルの経営者から相談の多い悩みは、**「SNSを活用して新規のお客様を集めたい」**です。

この言葉に疑問を持ってください。なぜ新規のお客様が必要なのか？　なぜ集客したいのか？　なぜツールはSNSがいいのか？　この悩みの本音を深掘りしましょう。

**「集客したい」という言葉の本音、つまり真の課題は、「売上を伸ばしたい」**ではないでしょうか。売上さえ作ることができれば、新規のお客様の数は気にしないはずです。そうであれば、売上という成果に最も結びつきやすい施策を優先的に考えることが先決です。

数字を正しく分析していないため、新規のお客様を呼び込まないと売上が伸びないと思い込んでしまっているのだと思います。**悩みを紐(ひも)解いていくと、本当の課題は別のことである場合もあります。解決できるヒントは身近な数字に潜んでいる**ものなのです。

売上を新規顧客で立てることにこだわってしまうと、「SNSで積極的に発信していかなくてはならない」「広告費をかけなくてはならない」といった思い込みが生まれます。

もちろん、新規のお客様にお越しいただくことは非常に大切なことです。とはいえ、集客よりも売上が立つ施策があった場合、集客に費やした時間も費用も必要なかったことになります。

私の経験上、**数字を見て、売上を作れる施策は複数あります。その中で実現可能な施策を優先的に行いながら、中長期的に新規の集客をするほうが売上を伸ばすことができています**。正しく数字を分析して、精度の高い施策を講じ、手堅く売上を伸ばしていきましょう。

# 無駄を最小化・売上を最大化しよう

ローカルでは、少数精鋭で経営を行っているところも多いと思います。そこで、**成長していくためには、無駄な施策を最小化し、売上を最大化することが求められます**。では、どのように動いていけばよいでしょうか。

## 無駄な施策の最小化

売上を伸ばしたいなら、費用対効果[※3]の低い施策にお金を投じるべきではありません。

お客様を店舗に呼び込むための施策を講じるとします。無駄な施策をなくすためには、何から始めればいいでしょうか。私なら、次の**2つの施策を同時に行います**。

- 施策Ａ：地元の新聞で折り込みチラシを2万枚配る
- 施策Ｂ：Instagramに広告を出す

→どちらも広告にLINE公式アカウントへ登録するQRコードを掲載し、そこから予約できるようにする

どちらの施策にもそれなりの費用がかかりますが、2つの施策をし続けるわけではありません。店舗にとってどちらの施策が適しているかは試してみないと分からないので、**両方**

※3　ある施策にかけた費用（コスト）に対して、どれくらいの効果を得られたのかを示す指標。「コストパフォーマンス」とも言う

**試すことで、費用対効果の高い施策が明らかになる**のです。

初めのうちは、考え得るさまざまな手段で集客する策を講じるべきだと思います。ただし、**最初から最後まで同じ施策を同じ配分で行うのではなく、最終的に一番精度が高い施策だけに絞ること**。正確な数字——その施策で何名が流入したのか、いくらかかったのかなど——を見て、最も費用対効果の高い施策に資金を投じることが大切です。

## 集客目的の施策に「LINE」を使った理由

実は、LINE（Lステップ）の機能を使えば、どの経路からどのくらいのお客様が流入してきているのかを分析することが可能です。

例えば、LINEに登録し予約してくれた人が、Instagram経由は150人、チラシ経由は300人といった、事実ベースの数字を出すことができます。その結果、「うちのお店はチラシ経由で予約を入れてくれた人が多いな」といった現実が見えてきます。そうすれば、今後はそこまでInstagramに力を入れなくてもいいという判断ができます。

数字を分析すると、無駄が見えてきます。無駄を省くことで、経費を抑えられるだけでなく業務効率化もかなうのです。

## 思い込みが勝機を逃す

成果を感じられなければ、別の施策を試せばいい。どの施策が当たるか分からない段階で、**先入観や思い込みによって**

**特定の施策にトライしないことはもったいない**と思います。

バイアス[※4]がかかった状態で、マーケティングはできません。**頭を働かせてあらゆる可能性に目を向け、最良の手段を検討しましょう**。

例えば、【施策A】の「チラシを配る」という集客方法は、ネットが普及した今の時代、アナログすぎるのではないかと思う人もいるかもしれません。しかし、ターゲットによっては効果が見込める可能性を否定できない以上、最初から排除しないでほしいのです。

実際に、私がサポートしている焼肉店で、チラシで結果が出たケースがあります。

チラシの内容は、「テイクアウトのバーベキューセット」のPR。20～40代がターゲットのキャンペーンであれば、InstagramなどのSNS広告が効果的かもしれません。しかし、バーベキューは年代に関係なく、自宅でできるので、「一番効果があるのは新聞の折り込みチラシだろう」という仮説を立てたのです。

結果的に、この仮説が大当たり。新聞の折り込みチラシを2万部入れたところ、1週間で170万円の売上になりました。チラシを配ったタイミングが、コロナ禍(か)かつゴールデンウィーク前だったこともあり、需要が高まったと言えます。

お客様に選ばれるためには、さまざまな策を講じる必要があります。何をすればターゲット層に刺さるのか仮説を立て



※4　人の思考や行動に偏りが生じること、ならびにその要因

て、トライアンドエラーを繰り返しましょう。

間違いなく、現代の集客の主戦場はSNSです。ただし、**すべての施策を「SNSで完結させよう」というのは、誰でも思いつく安易な考え**です。ターゲットが変われば、有効な施策も変わります。どんな可能性も排除せず、臨機応変に使い分ける必要があることを覚えておいてください。

## 【売上の最大化】

一方、「売上を最大化する」ためには、どのようなステップを踏んでいけばいいでしょうか。

基本的に実店舗は、来店していただいたお客様によって営業が成り立つものです。**売上を最大化するためには、店舗の「売上構成比」が適正かどうかを検証する必要があります**。

具体的な例をあげて考えてみましょう。
美容院の売上構成比は、次のページにある【図1】のグラフの通りでした。

**【図1】 売上構成比(美容院)**

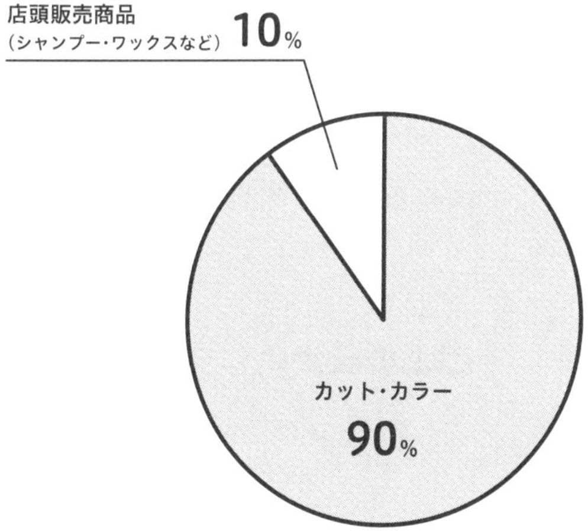


まず、**設備や人員などを考慮し、**売上の90%を占めるカット・カラーなどの施術による**店舗の売上の最大値を計算しましょう**。

- **シャンプー台(ユニット)**:8台
- **客単価**:1時間6000円程度
- **営業**:10時間×30日

毎日フル稼働して施術したとしても、【8台×6000円×10時間×30日=月商1440万円】が上限である、という計算が成り立ちます。

「カットだけでさらに売上を伸ばしたい」と考えるのは、ユニット数や施術の回数を増やすための設備投資や、増員するための人件費が必要となるので、優先度は低くなります。**目をつけるべきは施術ではない部分、つまり店頭販売商品（店販）です**。髪を切りに来たお客様が、毎回ワックスを買ってくれたら、それだけで売上を作れますよね。すると、90：10という売上構成比が変わってきます。

そこで、**実現可能な目標を立てていきます**。「もともと毎月30万円売上げている店販を、50万円まで伸ばしたい」という目標を立てたなら、平時プラス20万円をどのように作っていけばいいのか**具体策を考える**のです。

お客様にも嗜好（しこう）がありますので、ワックスだけをおすすめしても、提案した全員が買うことはありません。そこで、ワックスを提案するのか、ヘアオイルを提案するのか、一日に一人あたりいくつ売るのかといった**細かい目標値を決めたあとで、その数字をスタッフに落し込んでいきます**。

売上を最大化するための工程は、次の通りです。

①売上構成比を見る
②店舗の売上の最大値を計る
③実現可能な目標を立てる
④目標に対して、具体的な戦略・戦術を決める
⑤戦略をスタッフに落とし込む

工程を進めているうちに、「Aさんは積極的に商品をすすめているのに、Bさんは何も提案していない」など、スタッフによって仕事への取り組み方にバラつきがあることが発覚するケースがあります。これまで何も提案していなかったスタッフに動くよう指示すれば、さらに店販の売上が伸びることも期待できます。

こうした事実も数字により見えてくるのは、盲点だったのではないでしょうか。

### 店販で売上を作るメリット

美容院などは特に、売上を施術だけに頼ってしまうのはもったいないです。天候や感染症といった外的要因でお客様が来店できないだけで、売上に大きな影響が出てしまいます。しかし、ワックスといった商品は、施術しなくても購入してくれたり、オンライン販売を導入して販路を拡大したりすることで、定期的な収入が見込めます。そのため、売上の基盤になるのです。

**数字を可視化すると、売上として伸ばせる新たな強みや、無駄な作業・経費をはじめ、これまで放置されていた隠れた課題があらわになります**。これらに着手することで、確実に売上は上がります。無駄を最小化・売上を最大化するための第一歩を、今すぐ踏み出しましょう。

# 自社が選ばれる理由を数字から導き出す

経営戦略を立てるとき、一般的には、自社のマーケティング環境を分析するフレームワークを用いる方が多いと思います。

フレームワークのひとつに「**3C分析**」があります。3C分析は「現状把握」に役立ちます。"3C"とは、Company（自社）・Customer（顧客）・Competitor（競合）を指します。この3つの視点から自社や他社の現状――自社を利用してくれている顧客が何を求めていて、自社がどんなサービスを提供できるのか、競合他社はどのようなサービスを展開しているのかなど――を分析し、戦略の方向性を顧客のニーズから探っていくマーケティングの手法です。

経営コンサルタントの話を聞いたことがある方は、こういった切り口から戦略を立てた経験があるかもしれません。ただ、私が実際に現場で得た感覚として、**3C分析は重要ではない**と断言できます。

ローカルで勝ち残るためには、3C分析をする前にもっとやるべきことがあるのです。

## 売れ筋商品を分析する

売れていない商品を売るのは難しい。したがって、その商品を売れるように試行錯誤する必要はありません。

重要なのは、**売れている商品がなぜ売れているのかを分析すること**です。分析結果から、その商品をもっと売り伸ばしていくのか、派生商品を作るのかといった検討をします。

もう既にビジネスをされている方は、すでに売れ筋商品が把握できていることが多いでしょう。ここでは、序章でお話しした整体院を例に、商品を分析してみましょう。

この整体院の商品別の売上表を見てください。

**【図2】 商品別の売上表（整体院）**

| 商品 | 価格（1時間） | 販売数 |
|---|---|---|
| 整体 | 4800円 | 1200本 |
| 整体＋トレーニング | 7500円 | 50本 |
| 体幹リセット（産後矯正） | 8500円 | 5本 |

一番売れている商材は、1時間4800円の整体です。

そんな中、経営者の方から「体幹リセット（産後矯正）の売上を伸ばしたい」と相談されました。産後矯正は、同じ1時間の施術でも整体と比べて単価が3700円もアップするので、力を入れたいという気持ちは分かります。

しかし、産後矯正のターゲットは女性（女性の中でも出産直後の方）限定で、そもそもマーケットが非常に小さい施術です。売上アップに注力したとしても、売上の構成比には影響しないと考えられます。

もちろん、経営者の希望を否定しているわけではありません。売上のインパクトを作るには、他の施策のほうが実現できる可能性が高いと、ここでは判断しました。

ここで突き詰めるべきは、4800円の整体がなぜ売れているのかという理由です。その理由を知るためには、少し視点を変えて物事を見ていく必要があります。

同じ商圏内に他の整体院がたくさんある中で、どうして当院が選ばれているのか。その理由を探っていけば、売れ筋の整体施術を伸ばすヒントが見えてくるでしょう。

**特定の商品に人が集まっている事実を分析することで、自社が選ばれている理由を定量的な側面から見て、仮説を立てられます。そして、その部分に特化したサービスを提供しつつ、さらに別のサービスを提案すれば、売上を作ることができます**。もちろん、3C分析も大切ですが、過去の数字を見て分析したうえで、コンセプトを尖らせていくことが売上につながるのです。

## 直接的競合と間接的競合

3Cの一つである「競合」の概念をどのように捉えるかということもポイントです。

**競合には「直接的競合」と「間接的競合」がある**のをご存じでしょうか。

例えば、あなたが牛丼屋を経営していると仮定しましょう。牛丼屋の競合といえば、「すき家」「吉野家」「松屋」などの大手牛丼チェーンが思い浮かびますよね。各社とも牛丼が看板商品で、自分の店を選んでもらえるように価格を下げたり、メニュー数を増やしたりして競争しています。これを直接的競合と呼びます。

お客様が「ランチに牛丼を食べたい」と考えたなら、牛丼屋が候補にあがるでしょう。しかし、お客様の中には「牛丼がいい」とはっきり決まっているわけではなく、「手軽で、安くて、早くて、おいしいランチ」を探しているだけの場合もあります。

すると、牛丼屋の競合には、「ほっともっと」などのお弁当チェーンやファミリーレストラン、ファストフード店、街の定食屋なども入ってきます。これが間接的競合です。

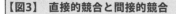

## 【図3】 直接的競合と間接的競合

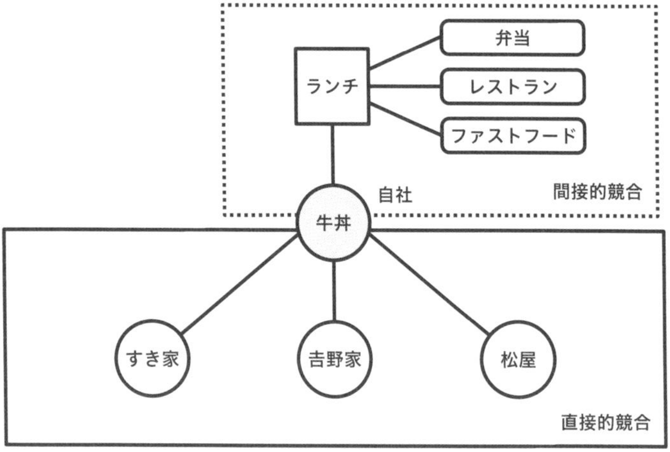


さらに考えてみましょう。

パーソナルトレーニングジム「RIZAP（ライザップ）」の直接的競合は、「24/7Workout」や「BEYOND」があげられます。一方、間接的競合は、『Nintendo Switch Sports』などの家の中でトレーニングができるゲームです。なぜゲームが競合になるのか。それは、ゲームがライザップへの“不満”を解消するからです。

ライザップのベネフィット（価値）は、短期間で理想の体作りができる点です。しかし、週2回の厳しいトレーニングや食事制限、平均よりも高価格帯な利用料金などが負担になる人もいます。一方、ゲームならば、人目を気にせず、自宅でマイペースにトレーニングができるうえ、ゲーム機本体とソフトを買えば追加料金は発生しません。そこに魅力を感じ、理想の体作りのためにゲームを選ぶ人がいるのです。つまり、**間接的競合は「同じ価値」を持つ別の商品（媒体）**ということです。

間接的競合を知るためには、**自社の商品の価値を正しく把握すること**が重要です。また、それを知ることは、**プロモーションや商品をアップデートする際に役立ちます**。

サービスを提供している側は、直接的競合ばかりを競合として見てしまうもの。それでは見るべき競合の情報が不足しているので、正しく3C分析ができません。たとえしっかり分析できたとしても、お客様が来てくれるかどうかは分かりません。それならば、自社が選ばれている事実を定量的に見てその部分を伸ばしていくほうが、スピーディーかつ現実的な施策を講じやすいのではないでしょうか。

# 「POS」を活用する

店舗ではPOSレジを導入しているところがほとんどだと思います。しかし、**POSの機能を最大限活用できている経営者は少ない**というのが私の印象です。

POSとは「Point of Sale（販売時点情報管理）」の略称です。小売店で購入後に発行されたレシートを見ると、いつ・何を・いくらで・何個購入したのかなどの情報が書かれています。こういった購入情報（購入履歴）を記録・集積するシステムを搭載したレジを「POSレジ」と呼んでいます。

## POSレジでできること

POSレジでは次のようなデータを確認できます（一例[※5]）。

- **顧客管理**
  ……顧客の個人情報や注文・予約内容、来店履歴の記録など
- **商品管理**
  ……売れた商品の名前や価格、日時、販売個数、在庫状況の記録など
- **売上・決済**
  ……金額の計算や支払方法に応じた決済、店舗ごとの売上集計・分析など



※5　POSシステムを扱う製造会社によって、記録できるデータ内容は変わる

**POSレジを活用すれば、未来の戦略を立てやすくなります。**過去の売上データや顧客情報をすべて見られるので、感覚ではなく定量的な側面から、自社がどういう人たちに選ばれているのかを探ることが可能です。売れる商品の情報からキャンペーンを始めたり、お客様の誕生日の登録情報からDMを送ったりする際にも役立ちます。

また、これらのデータを手書きや手入力で記録していては、手間がかかるうえに人的ミスが生じる可能性があります。POSレジは自動入力してくれるので、**スタッフの負担も軽減できます。**

### 業種に合ったPOSレジを導入する

POSシステムを扱う会社は、国内だけでも30～40社あります。もしPOSを未導入、または買い替えを検討している場合は、以下のPOSレジがおすすめです。

**【図4】 おすすめのPOSレジ**

| 商品名 | 特徴 |
|---|---|
| スマレジ | 業界大手。汎用性が高く多様な業界に対応可能 |
| ユビレジ | |
| Airレジ | |
| カミングスーン | 美容院に特化している |
| Uレジ | 飲食店に特化している |

「カミングスーン」「Uレジ」のように、業界に特化したPOSサービスもあります。自社・店舗の特徴から、一番メリットが大きいと感じるものを導入してください。

## 伝わりやすいスプレッドシートとは

POSレジ単体だけで必要な情報を得ることができる場合もあれば、使用の際に他のシステムなどと組み合わせる必要がある場合もあります。

POSレジにある情報はCSVデータ[※6]としてダウンロードできます。それをExcelやGoogleスプレッドシートなどの**表計算ソフトに反映させ、使いやすいようにデータを加工すれば、重要な経営分析資料を作ることができます**。

POSレジから入手した売上などのデータを表示するスプレッドシートは、数字を羅列して見せるほうが伝わりやすい場合と、グラフ化したほうが伝わりやすい場合があります。

例えば、売上などを単月ごとに見たいときなどは、次ページの【図5】のように**棒グラフ**にすると視認性が高いです。「毎年この月は売上が減少するよね」という法則性を俯瞰(ふかん)的に見せたい場合は、**折れ線グラフ**が有効です。また、売上の内訳などの割合を伝えたいときやお店のポテンシャルや人の能力差を図りたいときは、**円グラフ**で構成比を見せると分かりやすいです。

※6　項目ごとに「,(カンマ)」で区切られているデータのことで、互換性の高さが魅力。鈴木太郎さんが8/15に1250円の商品Aを買った場合、「鈴木太郎,2023/8/22,商品A,1250」と記録される

【図5】 グラフの種類(一例)

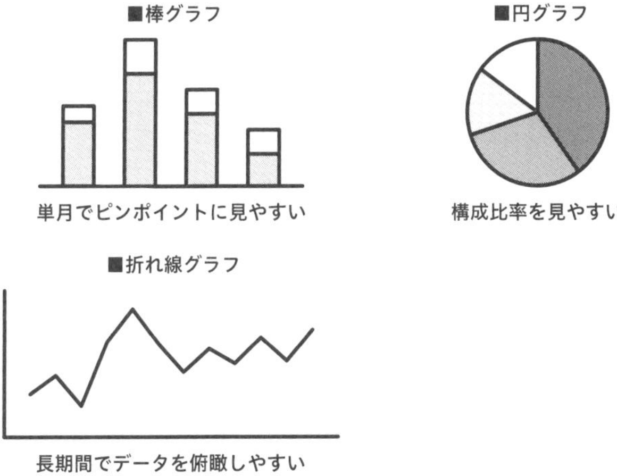
■棒グラフ
単月でピンポイントに見やすい
■円グラフ
構成比率を見やすい
■折れ線グラフ
長期間でデータを俯瞰しやすい

スタッフに数字を羅列したシートだけを見せても、そこから自分事にすることは難しいはずです。**数字をビジュアル化して見せるのが一番頭に入りやすい**ので、工夫して見やすいグラフを作ってみてください。

余談ですが、POSのシステムによって、情報をCSVではなくPDFでしかダウンロードできない場合があります。その場合は、Googleが提供している「Google Apps Script (GAS)」を使うと、PDFをスプレッドシートに反映できます。ただし、コードを書く手間がかかるため、専門のエンジニアに依頼するのがおすすめです。これもまた便利なので、ご参考になさってください。

# 数値を可視化する

ローカルでは、一度経営が安定してしまえば、そのまま同じような水準で売上を出し続けることができてしまうケースも多々あります。そのため、小さな問題を見ようとせずに進んでしまい、いつの間にかちょっとしたことで経営が傾きかねない“大きな爆弾を抱えている状態”に陥っている場合があるのです。経営者自身も、なんとなく違和感は持っているはずです。しかし、うまく言語化できなかったり根拠が不明だったりするため、放置してしまっているのでしょう。危険な現状に経営者自身が気づいていないこともあります。

安定した経営を目指すために、次の６項目を分析します。

①自社の売上の最大値を把握
②実現の可能性が高いゴール設定
③日次・月次の売上
④曜日別の売上
⑤LTV（顧客生涯価値）
⑥担当者別の売上

具体的にどの数字を見ていけばいいのでしょうか。詳しく解説します。

## ①自社の売上の最大値を把握

店舗経営を成長させるためには、自社の売上の最大値を把握する必要があります。**売上の最大値は、外部環境と物理的な限界値を理解することが大切**です。

例えば、「1年間で新規顧客を1000人増やしたい」という目標を立てたとします。しかし、ローカルではそもそもの人口母数が少ないため、"1000人"が現実的な目標値とは言えません。したがって、目標を立てる前に、外部環境を把握しておく必要があるのです。

また、店舗ビジネスにおいて売上を伸ばそうと考えたときに、物理的な店舗の限界も忘れてはいけません（30ページ参照）。そもそも、人間の体力にも限界があり、長時間働き続けられないことを忘れてしまっている方は多いです。フル稼働したとしても、売上の上限は見えています。

売上の上限を知っておけば、現実的な目標値を設定できます。**すべての数字を出して計算し、「数字」で認識することが大切**です。こうした計算は特別難しくはなく、時間がかかるものでもありません。面倒くさがらずに、ぜひ一度物理的な売上の最大値を試算してみてください。

## ②実現の可能性が高いゴール設定

私のクライアントである経営者に、店舗の稼働率について聞いてみると、「8割ぐらい」だと答えてくれました。しかし、実際の稼働率は60～70％程度だったのです。経営者の感覚と実際の数字で、大きなズレが生じています。週末が80％、平日が50％ほどの稼働率だったので、平均稼働率は65％と算出されました。恐らく、忙しいときの感覚に照準を合わせてしまっていたのでしょう。

**目標は、①で分かった売上の最大値の65～75％に設定しましょう**。売上の最大値を100％達成できることは理想ですが、お客様の動向のバラつきや、天候不良や災害などのイレギュラーも考慮すべきです。稼働率を高く見積もった、実現不可能な高い目標を設けるより、確実にできることから進めるほうが建設的です。

### 「目標が65％」は低い？

65％という数字に対して、低いと思われる方は多いかもしれません。しかし、売上目標を達成しても利益が残らなければ意味がないですよね。65％にゴール設定するからこそ、取るべき施策を数字で落とし込めるのです。例えば、現在のサービスに利幅が大きい商品を組み合せるなど、目標値に合わせた戦略をいくらでも考えていくことができます。

目標を65%に設定することが妥当であることは、集客の面からも言えることです。

ほとんどの実店舗では、週末の稼働率が80～90%であるため、これ以上伸ばすのは厳しい話です。それならば、平日に稼働率を上げないと目標が達成できないことになるため、物理的にお客様を集める作業が必要になります。すると、本業以外の仕事の増加が懸念されますよね。SNSを始めようとか、チラシを作ろうといった作業に着手せざるを得ません。パソコンを駆使する作業が苦手な経営者は、自分で舵(かじ)を取ることが難しくなってしまうと考えられるのです。

経営者に知識がないからといって、「とにかくやれ」というスタンスでスタッフに命じてしまうと、亀裂が生まれてしまう懸念もあります。

これはローカル特有の性質ですが、無理せず働き、安定した収入を得ることに重きを置いている従業員が多いです。経営者自身も、会社を大きく成長させることよりも安定して継続することを重要視している方も多いのです。

そのため、**常に達成できる目標を目指すほうが、経営者にとっても従業員にとっても負荷が少なく、心地が良い**のです。こうしたマインドも踏まえて考えた現実的な数字が、最大売上の65～75%ということになります。

## ③日次・月次の売上

目標の売上を達成するには、日次・月次の売上をチェックすることも必要です。そもそも、日次・月次売上の数字を把握されていない経営者も多いようで、私がこの話をすると、「忙しくて見る暇がない」とおっしゃいます。私は、「数字を見ていないから忙しくなってしまうのですよ」と言いたいです。日次・月次売上を見るメリットは、**ボーダーラインを知ることで経営状況を具体的に把握できる**という点です。

毎日・毎週・毎月の売上を確認して、「これぐらいの水準を保てば経営が継続できる」というボーダーラインさえ分かっていれば、さまざまな場面で調整が利きます。また、これまでの経験則でなんとなく続けてきた経営を可視化することで、モチベーションに左右されずに仕事ができます。

例えば、整体院の来院人数の平均が、週末に10人、平日に5人であると仮定しましょう。その人数を知っていれば、平日に4～6人しか来なくても「来院人数が少ない」と焦らずに済みます。週末と比べると半分しか来ていないので、「少ない」と感じるかもしれませんが、これはただの「感覚」なのです。**感覚という抽象的なもので経営を捉えるから、無駄に焦って、無駄に動いてしまう**のです。

**【図6】 月次・日次の売上**

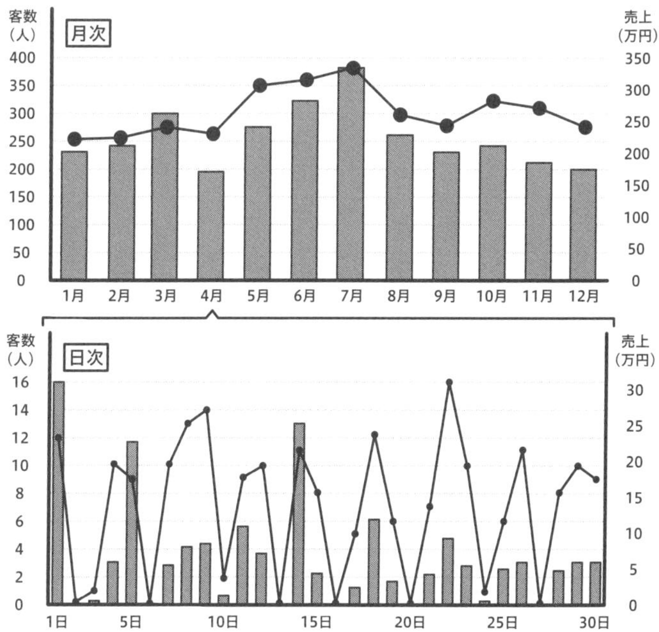


日次・月次売上を把握することにより、**自分たちでポテンシャルを図ることができる**という点も優れた部分であると言えます。

日次・月次売上を見るべきポイントは、「**1に把握、2に把握、とにかく数字を把握しましょう**」ということに尽きます。

日次だけではなく、週次、月次など、さまざまな細かい数字を積み重ねることで課題や施策のヒントが見えてきます。

一方向からの数字だけを見るのではなく、**二軸・三軸で見ることにより初めて活かせるようになる**のです。

集めた数字の一つひとつをどのように組み合わせて加工していくか、その値を見抜いていくことに売上を成長させるヒントが隠されているのです。

## ④曜日別の売上

売上を伸ばすためには、曜日別の数字も確認してください。なぜなら、**周辺環境や顧客のライフスタイルの理解を進めるために必要な数字**だからです。

周辺環境により、売上は大きく左右されてしまいます。例えば、客層に会社員や公務員が多いのに、平日にお客様を集めようと思っても無理な話です。それならば、平日を定休日にしたり、勉強会や戦略を練る会議の時間に充てたりするな

【図7】 曜日別の売上

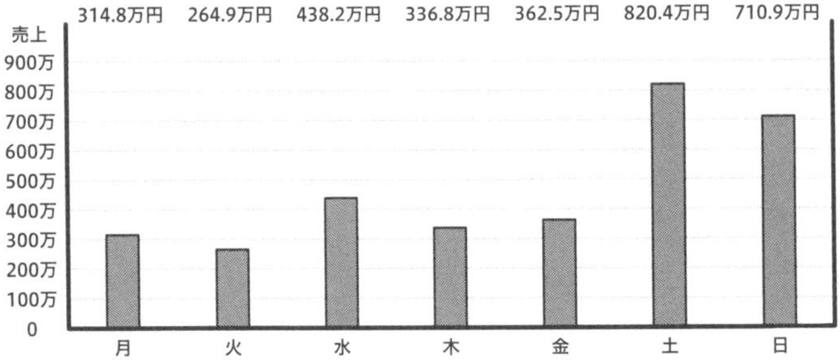

ど、どうすれば週末に人を集めることができるかを考えたほうが建設的です。

曜日別売上を把握することは、**シフト管理をするときにも便利です**。例えば、【図7】のように曜日別の売上が土日に高く、火曜日が一番低いことを確認できたとしましょう。その場合、土日の人員を多めに確保しておかなくては店が回らないことは一目瞭然(いちもくりょうぜん)です。逆に、火曜日はいつもよりスタッフが少なくても問題ないので、多くのスタッフに休みを与えられます。

シフト管理に悩む方は多いと思いますが、曜日別の売上を把握するだけでそんな苦悩からも解放されるのです。

さらに、**キャンペーンに適切な日も、曜日別の売上から容易に決められます**。

費用をかけてキャンペーンを打つなら、売上が期待できる日がいいですよね。感覚だけで「日曜日がいいかな」と思っていても、実際の数字を見ると土曜日の売上のほうが高い場合もあります。その事実は、言い換えれば、お客様は土曜日が最も来店しやすいということ。売上が見込めるので、店側もアクションを起こしやすくなります。

長期間、継続的に曜日別の数字を見続けていると、「何か変わってきたな」「思っていたのと違う……」という気づきが出てくると思います。営業しているうちに、客層も変わってくることもあるので、こまめにチェックして、実態に見合った顧客のライフスタイルと周辺環境の現在地を知るようにしましょう。

## 【⑤LTV】

LTV（Life Time Value・顧客生涯価値）とは、取引期間中に顧客から得られる利益の総額です。【平均顧客単価×平均購入回数×平均継続年数】という計算式で求めることができます。

自分たちのサービスから生み出される売上は、最終的にLTVから導き出せるものです。そのため、太客であるお客様が1年でいくら使ってくれているのか、そのLTVの最大値を把握しておくことは非常に大切です。

突然ですが、あなたが美容院のオーナーだとしたら、どちらのお客様が太客だと思いますか？

- A.毎月来店される男性（6000円/回）
- B.3カ月に1回来店される女性（2万円/回）

実店舗を経営されていれば、「太客がほしい」というのが本音だと思います。クライアントの美容院経営者に尋ねると、「太客は来店頻度が高いお客様だ」と定義していました。

しかし、年間の金額で見るといかがでしょう。男性は毎月（年12回）来店していても7万2000円、女性は年4回で8万円使ってくれています。来店回数だけで判断すると、男性に比べて女性は少なく、太客ではないということになりますが、「Bの女性のほうがLTVが高い」と言えます。したがって、**太客は来店頻度ではなく店舗への貢献度、つまり総支払額で判断すべき**です。「年間でそのお店にいくらお金を使ってくれるのか」をベースに定義すればいいのです。

ローカルでは人とのつながりが強固だと思うので、何度も足を運んでくださる方が大切であるという気持ちは分かります。しかし、**感情的に好ましいお客様と、経営として好ましいお客様を混同してはいけません**。

LTVを上げる方法は、97ページでご説明します。

## ⑥担当者別の売上

店舗で働いてくれている社員やスタッフに頑張ってもらってこそ、売上を伸ばすことができます。

店舗経営を円滑に行うには、経営者が従業員一人ひとりのスキルや能力、個性を見極め、誰が売上を作れるのかを確認しておくことが肝心です。**スタッフ別の売上額を確認し、そのうえでどうしてそのスタッフが売上を作れているのかを分析**しましょう。

担当者別の売上は、POSからデータを確認できます。どの業界でも、商品ごとに売上額を分けて、できるだけ細かい数

**【図8】 担当者別の売上**

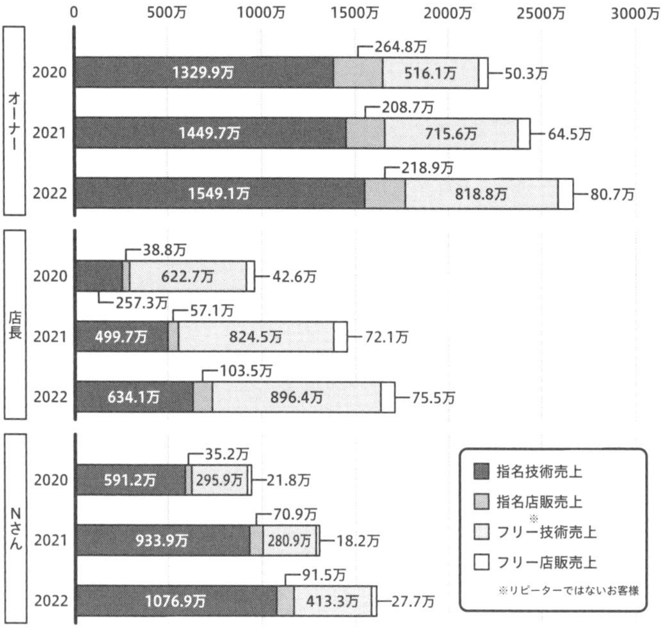


字を見るようにしてください。

担当者別の売上の内訳を分解して見るべきポイントは、次の3つです。

- **新規のお客様の売上** ……… 施術内容、人数、金額の詳細
- **既存客（リピーター）の売上**
- **店販の売上総額** ………………… 商品別だとベスト

そこから、売上構成比を細かく見ていきます。従業員全員が、店舗で一番売上を作れている人と近い売上構成比になれば、売上のマックス値を更新できるはずです。

スキルや能力を数値化するのは難しいですが、お客様と１対１で接客する職種の場合は「トーク力」を見るようにしています。

例えば、指名で予約が入れば、その人自身の実力と言えます。しかし、ホットペッパーなどの予約サイトを見て来店した新規のお客様の場合、その時間に空いている人が担当しますので、担当者の能力評価による登用ではありません。

売上を作るためには、リピートを生む会話力と、施術以外のところで利益を生む商品（店販）をきちんと提案する力が必要です。よって、トーク力は、売上という数字で評価できるのです。

# 第2章

# 「数字」の力を 200％活かす テクニック

# ローカルには
# ローカル独自の解決方法がある

都会ならば人口が多いため、赤字を覚悟で無料体験などを実店舗で開催しても、新規顧客の獲得を見込めるでしょう。これは「トライアル」というマーケティングの手法ですが、ローカルでは人口が少ないため、トライアルを実施しても、その後の集客につながるほどの十分なデータを取れません。ローカルでは、ローカルならではの施策を取る必要があります。

ローカル独自の課題解決方法はいくつかあります。第一に大切なのは、「**リピーターを大切にする**」こと。第二に、「**いかに客単価を上げるのか**」ということです。

私はローカルにおいて、新規の集客はハードルが高いと考えています。なぜなら、ローカルは都会と比較して、商圏が狭いからです。

マーケットの母数を考えても、上限は見えています。新規のお客様を集め続けるビジネスモデルは疲弊し、最終的にお客様がいなくなってしまうことが想定されます。

したがって、**ローカルでは新規集客に比重を置くよりも、既存のお客様のリピート率を上げたり、客単価を上げたりするほうが、売上も安定し、施策の成果も得やすい**のです。

客単価を上げる＝値上げをする、と考えるのは短絡的です。
経営者の皆さんの中には、「値上げは悪だ」という感覚をお持ちの方も多いかもしれません。この考えは、ローカル特有の「安くて人情味のある商品」が好かれる傾向に起因しているのでしょう。恐らく、お客様が顔馴染み——友達のきょうだい、近所のおじさん、幼いころから知っているおばさんなど——で、人間関係が密すぎるが故に、値上げに踏み切れないのです。

## 値上げをせずに客単価を上げる方法

では、どのような施策が有効なのでしょうか。
自社の商品やサービスの中で、次の３つの条件に当てはまるものをあぶり出してみてください。

- **高単価**……………………高い値段でも売れている商品
- **高リピート**………何度もリピートされている商品
- **高利益**……………………利益率が高い商品

**これらの条件をすでに満たしている商品を、「主力商品」として売り伸ばしていく**のです。

ローカルの消費者の皆さんの行動パターンは、基本的に決まっているのではないでしょうか。休日になると、車で近所のショッピングモールに行って時間をつぶし、フードコートやカフェで食事をする人も多いですよね。レジャー施設やオシャレなレストランなどの数は都会に比べて少なく、行動範囲が限られています。そのため、現在リピートされている理由を大切にすべきなのです。

ローカル実店舗の経営で大事なのは、**高単価・高利益率の商品やサービスを、限られた行動範囲の中でいかにリピートしてもらえるか**。これまでの数字（実績）を探ることで、売上がUPするうえに経営の安定も期待できます。

## 客単価を上げるには「太客」を知ろう

マーケティングの法則として、「パレートの法則（2対8の法則）」というものがあります。これは、イタリアの経済学者ヴィルフレド・パレートが、複数の国や時期の国民所得配分について調査した際、「人口の20%が富の80%を所有している」ことを発見したことに由来する法則です。

つまり、経営においては、**顧客の上位20%が売上の80%を作っている**ということ。年間の利用金額が低い“太客ではない人”の情報を集めても、戦略に活かせないのです。客単価は金額的に高いほうだけを知っていればよく、低いほうは把握する必要はありません。例えば、男性に圧倒的人気の【商品A】があるとします。しかし、その店の売上の8割を女性が占めていたとしたら、売上の2割を構成する男性向けの【商品A】で数字を伸ばそうとしても、売上にインパクトを与えることはできませんよね。

次の図をご覧ください。これは、実際の美容院の数字です。

【図9】 客数と売上構成比

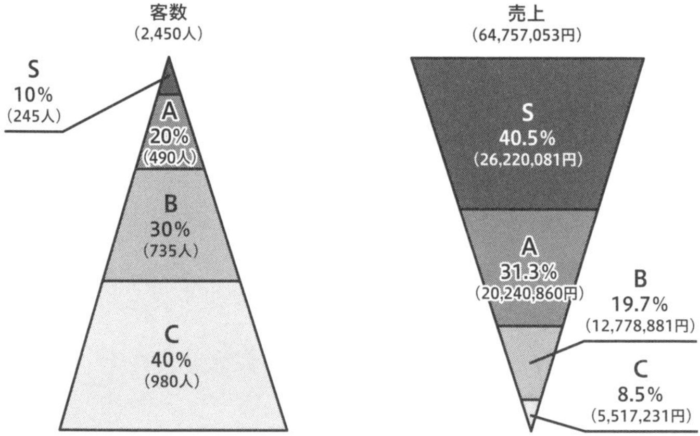


カミングスーンのPOSデータ(2022年度)

お客様は年間2450人来店されており、年間利用金額順でランク付けされています。S(上位10%)は、年間一人あたり約11万円(2622万円÷245人≒10万7020円)使ってくれていますが、Cは約6000円(551万円÷980人≒5622円)にとどまっています。

この上位10%である245人を紐解くと、年間5回しか来店していないけれど大きい金額を払ってくれているお客様もいれば、回数が多いために多額になっている方もいます。総支払額が多額であれば上位に入るので、来店頻度が売上に影響しないことは明らかです。

私たちは義務教育において、どの教科も満遍なく、“平均点”を取ることが好ましいとされてきました。しかし、ビジネスにおいては伸びる分野を尖らせれば尖らせるほど差別化され、そこにお客様がどんどん集まってきます。そのため、太客ではない層の情報は必要ないのです。

## 太客の「属性」を知れば売上を伸ばせる

経営者の皆さんは、自分の店舗の上位10%のお客様を把握していますか？　恐らく、ほとんどの方が気にもしていなかったのではないかと思います。

しかし、無限に人が来るわけではないローカルで、誰が自社のサービスにお金を払ってくれているのか、そして客単価はいくらなのかを知ることは非常に大切です。なぜなら、**上位10%と同じ属性のお客様を集めることで、太客になる層が増えやすくなり、集客コストを減らすことにつながれば、経営効率が上がる**からです。

お客様の属性は、

①定量的な情報を集める
②定性的な情報を深掘りする

ことで分析できます。

①で必要な「**定量的な情報**」とは、お客様の年齢（年代）・

性別・来店頻度・年間の総購入額などの数字で分かる情報です。②の「**定性的な情報**」は、職業や家族構成など、お客様に直接聞くことで初めて分かる情報のことです。

どちらか一方の情報しか分析していないと、商品を正確に届けることができなくなります。整体院の「腰痛改善プラン」を例に、考えてみましょう。

**【図10】 客の背景を知る**

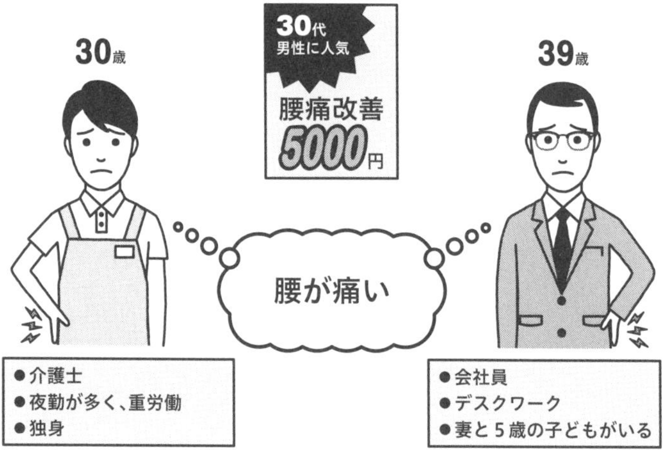


「腰が痛い」という悩みは、共通しています。しかし、イラストを見ると、ターゲットとなる「30代男性」であっても、30歳と39歳の背景は全然違いますよね。

腰が痛い人に対して、**背景が分かっていると、マーケティ**

**ングのときにさまざまなプロモーションをかけ、訴求することが可能です**。デスクワークをしている人には「1時間に1回は席を立って、軽いストレッチをしましょう」、重労働が多い人には「腰の負担を軽減できるよう、筋肉をつけるトレーニングをしましょう」というアドバイスで腰痛が改善されるかもしれません。腰が痛いという課題は2人とも同じですが、アプローチの方法がまったく異なるのです。

お客様のニーズと販売者の狙いがマッチすると、購入につながります。基本的に人が物を買うときというのは、その商品の質がいいからといったスペックだけではなく、自分が手に入れたい未来や感情を求めて選ぶものです。そのため、**定量面だけを見てしまうとプロモーションの精度なども落ちて、商品を届けたい人に届かなくなってしまう**のです。

長くサービスを提供していると、腰が痛い人は恐らく重労働に従事しているのだろうなどと、自分たちの考えや過去の経験則で人を見てしまうものです。固定観念にはまってしまうと、せっかくのサービスがうまくお客様に刺さらないこともあるので、思い込みを外して真実をヒアリングしていきましょう。

**太客である層がお金を使ってくれている理由に、売上を伸ばすヒントが隠されています**。そこを切り口にするのが、戦略を考える最短ルートです。

このように、年間に多額の商品・サービスを購入してくれる方の属性や特徴を分析していくと、太客の定義づけができます。**その方たちに選ばれている理由をヒアリングすることで、店舗の強みが分かる**のです。

店舗の強みが判明したら、どの層に、どの商品を提案すれば売上が伸びるのかが見えてきます。また、値上げできる商品も分かります。値上げには抵抗があるかもしれませんが、今以上に太客の裾野が広がります。**値上げをすると、手間が少なく売上を伸ばすことにつながるので、非常にインパクトが大きい**のです。

## 客単価の上限を知り、現実的な目標を立てる

客単価の上限を知らないと、経営者がスタッフに対して、無茶な要望を出してしまうことが懸念されます。

例えば美容院において、今までお客様が使ってくれた最高額が2万円だとします。それなのに「3万円売れ」などと言っても、無理な話なのはお分かりいただけるでしょう。健全な店舗経営のためにも、太客が使ってくれる上限値を把握しておくことは必須事項なのです。

# ローカル経営者のマインドブロック

私が、ローカルの経営者と話していると、特定の分野に対し、非常に大きなマインドブロックがあると感じます。

**マインドブロックとは、自分で自分の限界を決めてしまっている状態のこと**を言います。これまでの経験や価値観、固定観念によって行動を制限し、結果を得る可能性をつぶしているのです。

## マインドブロック① 経営に関する費用

経営者であれば、「自社のサービスを一度体験してもらったら、絶対に次も来てくれるはずだ」という自信のある方は多いと思います。それならば、お金をかけて人を集めることも選択肢として考えられます。

都会では、集客のために「費用をかけて当然だ」と思っている経営者が多いです。言うまでもなく、集客にお金をかければ認知度は上がり、多くの人にビジネスを知ってもらう機会も増えるからです。たとえ広告費に50万円かかったとしても、結果的に100万円返ってくればいい、という考えで投資します。

一方、**ローカルの経営者は、広告費などの必要な経費であっても出し渋る傾向にある**というのが私の体感です。これまで、口コミだけでお客様が来てくれていたという経験があるため、集客にお金をかけることに抵抗があるのでしょう。私が「費用をかけて集客し、最終的に黒字になればいいですよね」という提案をしても、よい返事が返ってこないというケースが多くみられます。

これはローカル特有の、成長よりも安定を求める思考が大きく影響しているのかもしれません。しかし、その保守的な考え方も、数字を見ていないから生まれるのだと言えます。広告費に50万円かけていくら返ってくるのか、どれだけ集客し利益が出るのかといった**試算をしないから、怖くて投資できない**のです。さらに、集客しても、新規のお客様をリピートさせる仕組みを作れていないため、不安材料が先行してしまうのではないでしょうか。

忙しいのに余計な仕事を増やしたくない、リスクを避けたいという**安定志向では、成長の機会を失います**。必要なところに、必要な経費をかけることは無駄ではありません。高額の費用をかける怖さは分かりますが、まずは合理的に納得できる試算をしてみることをおすすめします。

### マインドブロック② ビジネスを短期的に見ている

もう一つ、私が感じているローカルの経営者のマインドブロックがあります。それは、「ビジネスを短期的に見ている」という点です。

都会の経営者は、常に2年後、3年後を見ています。例えば多額の費用を投じたとしても「2～3年後に黒字になればいい。

今は我慢のときである」という考え方をしています。
ところが、ローカルでは「かけた費用は、すぐに回収したい」と考えている経営者が多いのです。**目先の利益だけを見ていては、会社の成長は見込めません**。

考えてみてください。「今月5万円投資をしたから、来月10万円になって返ってくる」というのは、できすぎた話だと思いませんか？
ビジネスは、中長期的に構築していくもの。リスクを取るからリターンが大きくなります。店舗の規模を大きくしたいというゴールがある経営者は、広告費や宣伝費にお金をかけるだけでなく、経営コンサルタントや社労士、税理士など、必要なところにはプロの力を借りているものです。

マインドブロックを壊し、フラットな視点で経営を見直しましょう。ローカルの経営課題は、次にあげる5つのSTEPで解決できます。

- **STEP 1：数字を分析する**
- **STEP 2：仮説を立てる**
- **STEP 3：収益化する方法を考える**
- **STEP 4：目標を立てる（施策開始）**
- **STEP 5：目標達成率を分析する**

次のページから、順を追ってご説明していきます。

## STEP 1 数字を分析する

経営者の皆さん、数字を見る時間をきちんと確保していますか？　経営者ならば見ていて当たり前のはずですが、できていない方がほとんどなのではないでしょうか。

**数字は短時間で見ることができるわけではなく、最低でも1時間ぐらいは向き合わないと、分析するというところまで行きつきません**。まずは、数字を見ることを意識する。そしてその時間を確保する。これを忘れないでください。

また、数字が苦手だからといって、経営分析を従業員に任せすぎてはいけません。従業員は、何とか形にして提出しようと頑張ってくれると思います。しかし、作ってくれた資料が正しいとは限りません。大切な数字なのですから、経営者自身がきちんと向き合うようにしてください。

### 見るべき数字＝売上……だけではない！

店舗経営を成長させるうえで、考えなくてはならない数字は売上だけではありません。「**経費**」も非常に大切です。

店舗の運営には、家賃・人件費・広告費・通信費・消耗品費……と、あらゆるものに経費がかかっています。収益化するためには、売上を伸ばすことのほかに、経費を下げることも考えていかなくてはなりません。しっかりと分析して、お金の出入りを管理していきましょう。

第1章で、無駄を最小化する大切さをお話ししました。経営に課題を感じていても、いざ収支を確認してみると、施策を考える前にそもそも無駄が多い店舗は多いのです。無駄が多すぎてお金がない→広告費をかけられない→集客もできない……そんな悪循環に陥っています。「新規のお客様に届けるためには広告を出すのが効果的だ」と真課題が判明したとき、投じるお金さえあれば、その課題は解決できるでしょう。

私がコンサルするときは、経営者が把握している課題をそのまま受け止めることはせず、**経営者の思う課題と会社の数字を可能な限り分解し、分析しています**。細かい収支を計算し、売上と経費を可視化する、そこから初めて真課題を解決する策を練っていくのです。

何にいくら払っているのか、売上比のどのくらいになっているのか、細かくできるのであれば、限りなく小さく分解して確認していくことで、収支の改善点が見えてきます。

**数字を分解するときは、事業ごとに行ってください**。施術と店販の数字を合算された数字を見ても、課題を見つけるのは難しいからです。

例えば、【図11】のようにスタッフAさんの収支のトータルの数字だけを見たら、なんら問題がなく、むしろ毎年伸びているとみなすことができる場合があります。しかし、数字

【図11】 スタッフAさんの収支

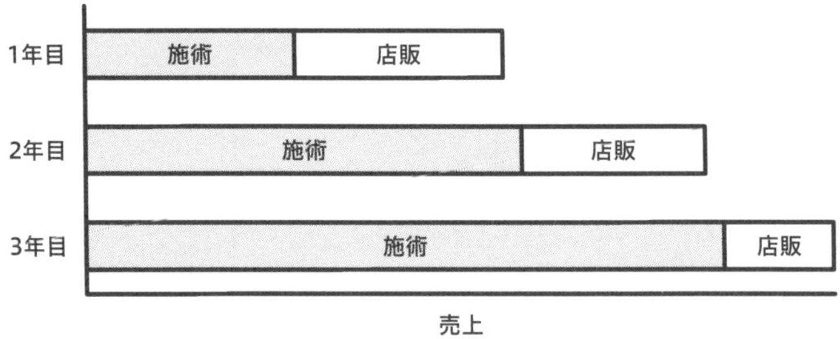


を事業ごとに分けてみると、「Aさんは施術の収支はいいけど、店販になると落ちるよね」といった、事実が見えてきます。そのため、事業ごとに分けて数字を見ることはとても大切なのです。

## 経費はどこまでかけていい？

どの業界にも、経費の適切な割合があります。売上に対して経費が占める割合を、ある程度業界の水準に当てはめていくことで、売上規模に対して人件費が高い、固定費の負担が大きすぎるといった、「払いすぎ」の部分が見えてきます。

もちろん、業界によって割合は変わりますし、同じ業界でも店舗ごとに特徴があって当たり前です。ただ、業界の水準を知っておくと、削っていい部分と削るべきではない部分を取捨選択する際に役立ちます。

整体や美容院など、技術系の店舗の経費として適切な比率

【図12】 技術系店舗の経費比率

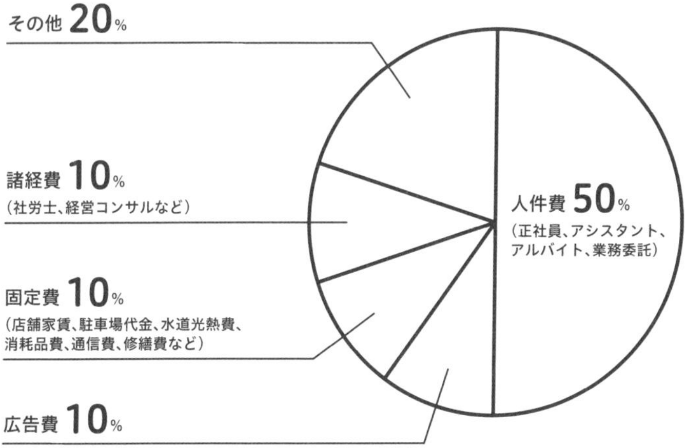


を掲載しておきます。飲食店は、ここに仕入費用などが入ってきますので、ご参考までに見てください。

なぜこのように、型にはめる必要があるのか。それは、**どんなに頭がいい人でも、どんなに嗅覚の優れた経営者でも、「勘違いをすることがある」から**です。頭のよさ故に、自分の感覚を過信し事実を見ていない、見ることができないという人は多いです。データとして正確な数字を見たうえでバイアスを外し、正しく現状を把握することは、どれほど優秀な経営者であっても必要な作業です。

また、経営者というものは、どうしても売上にフォーカスしてしまうものです。

「広告費を100万円かけて、売上が200万円アップした」と仮定しましょう。「売上が200万円アップした」ことにフォーカスしてしまいがちですが、大事なのは**売上だけではなく、経費もしっかりと見ていくこと**です。広告費がかかっているので、利益として店舗に入るお金は100万円だということを忘れないでください。

## STEP 2 仮説を立てる

【STEP 1】で数字を分析したら、経営課題に対して足を引っ張っていそうな数字を見つけ、分析して、「これが原因で集客ができないのかも」という仮説を立てます。

しかし、「これだ」と決めつけて、バイアスがかかったまま解決の筋書きを作ってしまうと、的外れである可能性もあります。仮説は可能な限りたくさん立てるようにしてください。

私が**仮説を立てるときは、極力細分化しながら進めていきます**。まず、こちらのマインドマップ[※7]を見てください。

**【図13】 マインドマップ**

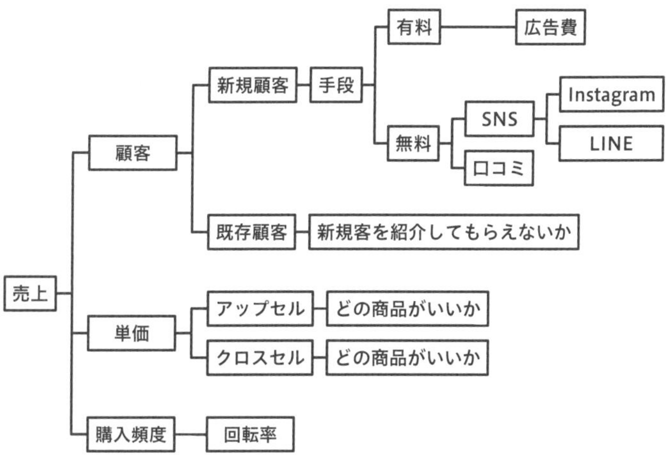


※7 メイントピックから複数のアイデアを放射状に展開した、自身の思考を図式で表現する方法。発想を広げたり、整理したりするときに用いる

このように、どんどん考えを派生させていき、**仮説を10個以上立てられる**とベストです。

【図13】の場合、経営課題は「売上」です。売上は、【顧客数×単価×購入頻度（リピート率）】という数式で構成されているので、この数字のどこを動かせるかを検討します。

顧客数を細分化していくと、次の仮説を立てられます。

**【図14】 顧客数から仮説を立てる**

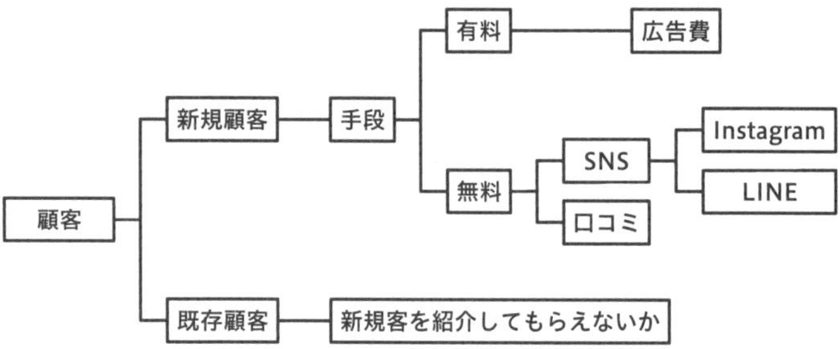


**仮説**

- ターゲットは新規顧客か、既存顧客か
- 新規顧客なら、施策にお金をかけるか
- 有料なら、広告費をかけたら認知されるかも
- 無料なら、SNSか口コミが効果を見込めるかも
- SNSなら、どのツールを使うか（Instagram、LINEなど）
- Instagramなら、どのような投稿内容が適しているか
- 既存顧客なら、新規客を紹介してもらえないか（友人など）

次に、単価と購入頻度を細分化して仮説を立てます。

**【図15】 単価と購入頻度から仮説を立てる**

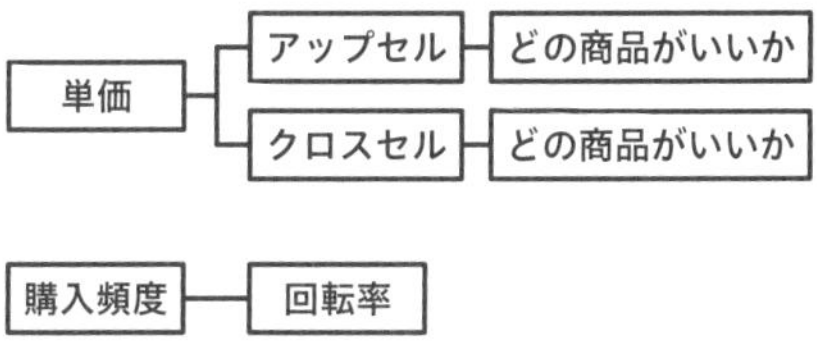


**仮説**

- 単価を上げるには、アップセルかクロスセルか
- アップセルで売る商品は何が適しているのか
- クロスセルで売る商品は何が適しているのか
- 購入頻度を上げるために、頻繁に来店しやすい制度を作れないか
- LINEで来店を促すと効果的かも

このように、**仮説を並べて、その中で最も実現の可能性が高く、投資効率がいいものを選べば必然と収支は改善できます。**

## 平均購入単価を上げると売上が安定する

先ほどの仮説であげた、「**アップセル**」と「**クロスセル**」という考え方をご存じでしょうか。アップセルとは、お客様が購入しようとしている商品よりも、さらに上位の商品を提案し、買っていただくことを意味しています。クロスセルとは、お客様が購入しようとしている商品に関連する別商品を提案し、一緒に購入してもらうことを意味します。どちらも、**顧客一人あたりの単価を上げ、LTVを向上させるのに欠かせない**手段です。

これまでに施策を試行錯誤してきた結果、**売上を継続的に安定させるには、平均購入単価の向上が最も効果的**だと分かりました。

SNSで新規顧客を呼び込もうとしても、時間も費用もかかります。それならば、今来てくれているお客様の単価を上げられたら、早く結果が出ますよね。例えば、現在はカットだけで来店しているお客様に、カラーを提案してみるといったアプローチをするほうが、無理なくすぐに平均顧客単価を上げることができます。

**事業で成功を収めるには、「常に仮説を持つ意識」が必要**です。もし今、思うように結果が残せていないのなら、なぜ売上が伸びていないのか、仮説を立てるところから始めてみてください。

さらに余裕がある場合は、売れている同業他社と比較する方法もあります。数字で比較してデータを出し、「どうしてこんなに差異が出ているのだろう」というところから仮説を立てていきます。なぜ、他社がうまくいっているのかを理解したら、自社との差異を1つずつつぶすことで売上が伸びていきます。

また、「日々の業務をいかに効率よくするか」という面から仮説を立てることで、無駄な工程が見つかり、業務が簡略化されることもあります。

仮説を立てるうえで重要なのは、「**写真や文字、数字などで記録する**」ということです。記録したデータは失敗でも成功でも仮説を立てる材料となりますし、過去の実績から仮説を立てれば、その精度も上がっていきます。

STEP 3

# 収益化する方法を考える

実は、経営コンサルタントが売上を伸ばし、収益化するために提案できる施策は複数ありますが、**優先順位として高いのは店販**です。なぜならリピート率を上げる施策は、店舗のスタッフの努力や、リピートしてもらうための仕組みを作る必要があります。施策を始めるとしても、私が現場に入って技術を上げるサポートもできませんし、毎回セールストークをチェックするのも難しいからです。そこで、提案のひとつとして、マニュアルの作成をしています。

新しい層のリーチ数[※8]を増やす手段は大きく2つに分けられます。1つは広告費をかけて宣伝する方法、もう1つはSNSで発信をしていく方法です。

どちらの方法も「コスト」がかかります。広告費は有料ですが、その分リーチ数を獲得しやすい側面があります。SNSは無料である反面、時間というコストがかかるのです。

SNSで広く認知を取ろうにも、1件投稿したからといってすぐにお客様が来てくださるほど甘くありません。結果が出るまで、最低半年間は見る必要があるので、なかなかの長丁場となります。

では、収益化するための“即効性のある”施策を考えてみましょう。

※8　広告やSNSの投稿を見てくれたユーザーの人数

## 既存顧客向けのイベントを考える

新規で来てくださるお客様は、言ってしまえば「知らない人」です。一方で、既存客Bさんの紹介で来店したお友達のCさんは「知らない人」ではありません。なぜなら、Cさんは、すでにサービスを体験しているBさんから、その良さを聞いたうえで来店してくれているので、一見（いちげん）のお客様よりも熱量が高い（期待値が高い）と想像できるからです。

そこで私がまず行動に移すのは、**既存のお客様に店販を売るイベントを打つ**ことです。

イベントと銘打って、最初にインパクトある売上を作ることができるのは、やはり店販です。既存のお客様は、すでに店舗に来てくださっているので、今まで買ったことがないサービスでも、買ったときのイメージがしやすいと思います。そのため、店販は売上への効果が期待できます。

その次に考えるべき既存顧客向けのイベントは、「紹介キャンペーン」です。

**新規のお客様を紹介してくれた既存のお客様に、何かベネフィットがあるような企画**を行います。具体的な手段としては、既存のお客様にInstagramでメンション[※9]してもらったり、ツーショット写真をアップしてもらったりしたら、割引券を渡すといったことが効果的です。しかし、この手段はあくま

※9　投稿の際に、他のユーザーを紐づけられる機能のこと。自店のID（ユーザー名）をメンションされるとリポスト（自店の投稿として再投稿すること）ができるようになるため、宣伝効果が期待できる

で既存のお客様のアクション次第。実際に新規のお客様を紹介してくれるかどうかは分かりません。したがって、**店販を伸ばしながら紹介キャンペーンを行うことで、"認知の種まき"ができ、最終的に収益化できる**のです。

## 「無料」での「SNS運用」にこだわると、他社に埋もれる

ひと昔前のマーケティングの主流は、「オークションマーケティング」でした。オークションマーケティングとは、CMや雑誌などに高い広告費をかけて広く認知を取る手法のこと。お金をかけられる大手企業が常に有利な立場に立ち、どの業種でも"大手一強"状態でした。大手以外は、予算を投じることが難しいため、商売を継続・拡大することが難しかったのです。

ところが今は、「クオリティマーケティング」が台頭しています。クオリティマーケティングは、質の良さや信頼性などを重視するマーケティングの手法。実際のユーザーの声やレビューが、購買を左右します。そのため、資金力がなくてもSNSの投稿によって商品の人気に火がつき、爆発的なヒットとなることも珍しくはありません。

そこで、つい自社だけで「無料[※10]でできるSNSを活用しよう！」と考えてしまう傾向にあります。多くの人がプライベートでSNSを利用しているので、その手軽さから、「自分たちにもできるだろう」と気楽に考えるのでしょう。

※10　無料の機能のみ使用の場合。有料プランがあるSNSも存在する

確かに、お金をかけなくても、質の高い投稿ができればお客様は集まります。お手本となるような投稿もたくさんあるため、自分でもできるような気がしますよね。しかし、試行錯誤しながら自分で作ったにもかかわらず、競合が多すぎて他の投稿に埋もれてしまった経験はありませんか？　**結果が出ないならば、時間的なコストばかり浪費してしまっている状態**。タイムパフォーマンスが悪すぎます。

いくら広告費といったお金がかかっていないとはいえ、SNSのプロではない経営者もしくは従業員が、文章もデザインも考えなくてはなりません。それを結果が見えてくるまで、しばらくの間継続しなければいけない……。**自分たちだけの力でSNSを運用するのは、想像以上に専門性が高く、知識のない人が継続していくには難しい**方法なのです。

競合ひしめくSNSの世界に挑むことは、武器を持たずに戦場に飛び込むようなもの。**コストはかけるべきところにかけ、効率よく事が運ぶよう専門家を入れて取り組んでいくほうがいいでしょう**。

第1章でもお話ししたように、可能性がある手段はすべて考慮するべきです。【STEP 2】で立てた仮説から複数の手段を考え、その中から最も収益が見込める方法を選択し、試してみればいいのです。

# STEP 4 目標を立てる（施策開始）

数字を分析し、仮説を立て、収益化する方法が固まったら、今度はいよいよ施策の開始です。実際に施策を開始するには、**実現可能な目標を立てる**ことが必要となります。

## 達成できる目標を立てる

公私問わず、節目ごとに目標を立てた経験は誰しもが一度はあると思います。例えば、「脱サラする」「体重を5kg落とす」「恋人を作る」「売上を30%伸ばす」などと、目標を立てたものの達成できていない方がほとんどなのではないでしょうか。

なぜ立てた目標を達成できずに、いつの間にか立ち消えてしまうのか、私なりに考えてみました。それは、**目標の設定の仕方に問題がある**ということです。

皆さんはどのように目標を設定していますか？　目標を立てた当初はやる気に満ちあふれていても、時間がたつにつれて目標を立てたことすら忘れてしまうという人が多いのではないでしょうか。これは、あなたが怠惰なのではなく、みんな同じなので安心してください。

そこで、私は**達成目標・行動目標・実行項目の【3段階】の目標を立てて進める**ことをおすすめします。

### 【第1段階】達成目標

**最初の目標設定は抽象度が高いもので問題ありません**。先ほどの例なら、「体重を5kg落とす」「恋人を作る」といった目標の大枠です。実店舗なら、「SNSを使って毎月5名集客する」といった目標になります。

ほとんどの場合が、ふたを開けてみたら目標に向かって何もせず、いつの間にか忘れて終わってしまいます。そうならないために、【第2段階】以降も見ていく必要があります。

### 【第2段階】行動目標

**達成目標を立てたら、行動目標を考えましょう**。行動目標は、達成目標から少しハードルを下げて行動に移すための方法を目標に掲げます。

例えば、毎月5名集客するために、「週に3回SNSを投稿する」「毎日リールを投稿する」「お客様からメンションしてもらえるようDMで営業する」など、具体的なアクションを決めていきます。

### 【第3段階】実行項目

**最後に、実行項目を可視化していきます**。例えば、行動目標で決めたSNSの投稿数を達成するためには、どのような準備が必要でしょうか。

まず、企画（投稿テーマ）を考えなくてはなりません。SNSの投稿に使う写真はどれにするか、タイトルはどうするか、本文は何を書くか、ハッシュタグはどういうものをつけるか……など、細部まで決めていきます。一方的に発信するだけでは不十分なので、フォロワーとどのようにコミュニケーションを取っていくかといったことまで考える必要があるのです。**実行項目は、いつ・どこで・誰が・どのように、というところまで綿密に定めましょう**。

「決めた目標を達成できない」と嘆くのは、終わりにしましょう。今まで達成できなかったのは自分の能力や性質の問題ではなく、目標設定の方法が間違っていただけ。**どのような行動を取るべきか、考えられるタスクをすべて落とし込めていれば、誰でも目標の達成に近づきます**。

店舗経営は、スタッフの力がないと大きくなっていきません。正しく設定した実行項目をスタッフに落とし込むだけで、店舗の売上を最大限にしていくことができます。

## [ 目標設定に役立つSMARTとは？ ]

私が目標設定する際にも活用しているフレームワーク「SMART」をご紹介します。この考え方に基づいて目標を決めていくと、途中で目標がぶれることがありません。

SMARTとは、目標を明確にするために不可欠な「5つの要素」の頭文字をとって名付けられた法則です。

- **S**：Specific（具体的、分かりやすい）
- **M**：Measurable（計測可能、数字になっている）
- **A**：Achievable（達成可能）
- **R**：Related（関連性）
- **T**：Time-bound（期限が明確）

S（Specific）とは、**誰が読んでも分かる、明確で具体的な表現や言葉で書き表すこと**です。

目標設定は具体的に行う必要があります。例えば、「新規の顧客を増やしたい」という抽象的な目標ではなく、具体的に「月に5名集客する」と目標を立てることが大切です。

M（Measurable）とは、**誰にでも目標の達成度合いが判断できるよう、その内容を定量化して表すこと**です。

「月に5人集客する」と目標を設定したならば、「Instagram経由で新規が2人・紹介で3人集める」というように、どのような内訳で集客するのかを決めましょう。そうしないと、行動に落とし込むことができないからです。

A（Achievable）とは、**希望的観測ではなく、目標が実現可能な内容かを確認すること**です。

設定した目標が、あまりにも非現実的な目標ではうまくいきません。毎月の新規顧客数が平均5人程度なのに、目標を月10人に設定してしまうと、集客のために使う時間が増えることになります。本業に影響を及ぼすような目標ならば、恐らく実現は難しいでしょう。

達成不可能な目標を設定してしまうと、モチベーションが下がり、次第に行動しなくなります。モチベーションを高く持ち、積極的に行動させるためには、実現可能な目標を設定する必要があるのです。

R（Related）とは、**会社の目標に関連する内容になっているかどうかを確認すること**です。

目標を達成することが何につながるのかを意識すると、モチベーションが高まります。月に5人集客するために行動しても、思うように結果が出ないと、やる気がなくなってしまうこともあると思います。しかし、「5人集客できたら売上が○○円UPする」といったメリットが分かれば、再びモチベーションが上がり、行動できるようになるのです。

T（Time-bound）とは、**いつまでに目標を達成するか、その期限を設定すること**です。

目標を設定しても、期限を決めないと具体的な行動を決定できません。目標が「月に5人集客する」ならば、「○月までに5人集客する」と定めましょう。期限内に目標を達成するために、SNSで発信する内容や頻度を考えたり、急遽(きょ)キャンペーンを打ったりする必要があるかもしれません。

また、期限を決めないと、忙しさにかまけていつまでも具体的な行動に移さない可能性もあります。

目標を経営者が決めて経営者だけが理解している状態では、目標がスタッフにとって曖昧で、達成できません。経営者が目標を掲げても単なるお題目に終わってしまい、うやむやになってしまうのです。そのため、**目標と具体的なアクションをしっかりリンクさせて伝えましょう**。SMARTを意識することで誰もが理解でき、達成可能な目標になるのです。

## STEP 5 目標達成率を分析する

**目標を設定し、実行項目をスタッフに落とし込み、施策に取り組んだら、目標の達成率を分析することが肝心です**。この作業をしないと、なんとなく「今回のイベントは成功したね」「集客できたね」というだけで終わってしまいます。今後の施策につなげていくためには、目標達成率をどのように見ていけばいいでしょうか。

【STEP 4】までに設定した目標は、「売上を伸ばすため、1カ月で5人新規顧客を集めたい」でした。

単純に考えて、施策を始めて1カ月たって5人集客できていたら、達成率は100%です。ところが、現実はそう単純ではありません。**最初は1週間たったら、どれだけ達成できているかを計算しましょう**。1週間で2人以上集客できていれば、達成率は40%。目標は達成できそうだと試算されます。しかし、0〜1人だった場合、残りの3週間で目標人数を達成するために、施策のアクションの方法を見直す必要があります。

スタッフ一人ひとりに、決めた目標をもとにその数字を追いかけていく行動を日々取ってもらうので、**1週間に一度、スタッフとの個別面談などを実施するのが効果的**です。面談は、現時点の達成率がどれくらいなのか、来てくれた新規の人の流入経路や購入金額などを分析し伝えます。次週以降に取るべき行動の方向が伝わればいいので、面談で確認する内容は比較的シンプルです。

実際に立てる目標は、もっと複雑なものだと思います。そのため、計算や分析、面談の間隔などは一つの目標ごとに変える必要があります。

1年間で達成すればよい目標でしたら、2カ月に1回ほどキャンペーンを打てばいいかもしれませんし、面談も2週に1回程度で十分かもしれません。その都度、適切なタイミングで目標達成率を確認する作業をしていってください。

目標を3段階に分けて考え、SMARTに則って設定していけば、目標の曖昧さをゼロにすることができます。すると、いつ誰が見ても、どの数字が悪いかはおのずと分かってくるはずです。進捗状況を逐一確認しながら、目標達成まで動いていきましょう。

# 第3章

## 武器になる「数字」の活かし方①

# スタッフの能力差をなくす

# 実例から経営課題を見つけよう

これまでは、経営課題を解決するための5つのSTEPについて見てきました。第3～5章では、5つのSTEPを使って具体的にどのように動いていけばいいか、可視化した数字を分析し、実際の店舗の実例を用いながら解説していきます。

本章では、美容院を分析します。この例は、私のクライアントである、愛知県豊橋市に実在する美容院。オーナー、店長、Nさんの3名の美容師が在籍しています。

「売上を伸ばしたい」と相談され、数字を確認したところ、スタッフごとに売上の構成比に大きな差があることが判明したのです。なぜスタッフ間で売上に差ができてしまったのか、それをどのように解決するのか、次項から見ていきましょう。

あなたがこの店舗の経営者だったら、どのように経営を改善しますか？

# STEP 1 数字を分析する

初めに、店舗全体の数字を確認します。その後、スタッフ別の数字を細かく見て、「どの部分に売上の伸びしろがあるか」を考えていきましょう。

## 店舗全体の数字を見る

年間の売上総額は、次の通りです。

【図16】 売上総額

| 年度 | 売上総額(円) |
|---|---|
| 2020 | 46,807,955 |
| 2021 | 64,422,664 |
| 2022 | 67,056,652 |

売上額が年度ごとに増えていることが分かります。何が原因で伸びているのかといった「理由」を分析すれば、さらに売上を伸ばすポイントを見つけられます。

理由を知るためには、数字をすべて見たうえで経営者やスタッフにヒアリングするのが得策です。

【図17】 月別の売上

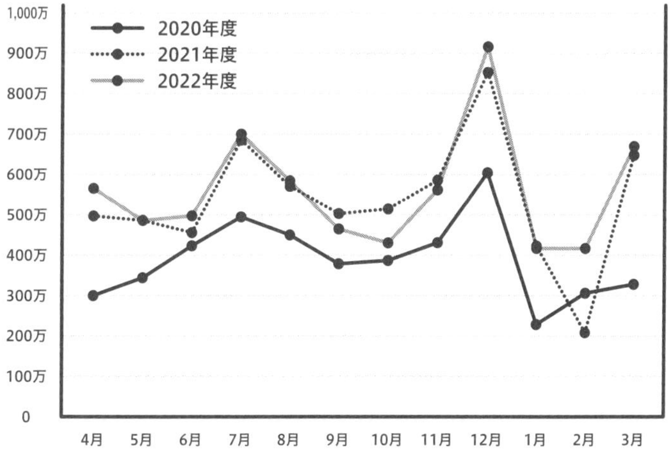


【図18】 曜日別の売上

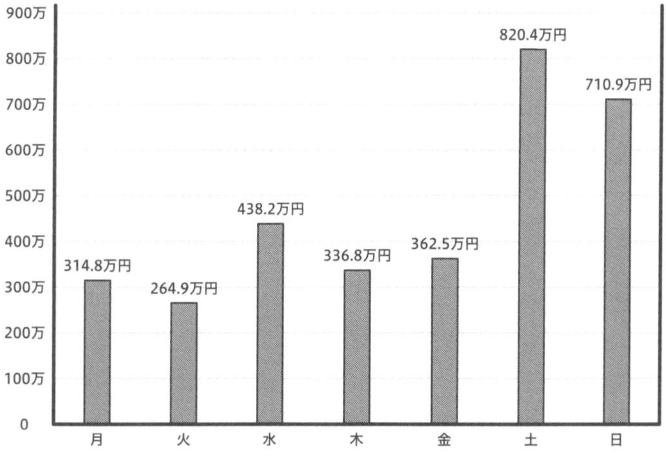

月別の売上金額を見ると、12月・3月・7月の売上額が高いことが分かります。クリスマスや年末、卒業式といったイベントの多い時期と重なって売上が伸びているのです。

曜日別では、火曜日の売上が一番低いですね。実は火曜日の午後は、オーナーが事務をする時間。オーナーが店頭から抜けるだけで、売上が大きく下がってしまっていたのです。

## スタッフごとの数字を見る

「売上を伸ばしたい」という課題に直結しそうな、**店販の売上から分析を始めます**。まず、【図19】を見てください。

**【図19】 スタッフごとの売上構成比(店販)**

| | 年間売上個数(個) | 年間売上(円) | 平均単価(円) |
|---|---|---|---|
| オーナー | 511 | 203万 | 3,984 |
| 店長 | 268 | 124万 | 4,630 |
| Nさん | 297 | 97万 | 3,272 |

美容院の店販の商材は、シャンプーやワックスなどです。そして、【図19】の売上は店販から得た金額です。これを見ると、オーナーの年間販売個数・売上と他2名の差は歴然です。

売上個数だけを見ると店長は3名の中で一番少ないですが、平均単価は一番高いと分かります。では、販売個数は店長よりも多いＮさんの平均単価が低いのはなぜでしょうか。

オーナーにＮさんの店販の平均単価が低い理由として考えられる要因をたずねると、「Ｎさんは、男性のお客様からの支持率が高いから」という意見が出てきました。

ここで、スタッフごとに売上総額の上位10％の男女比を確認してみましょう。

【図20】 スタッフごとの売上上位顧客の男女比

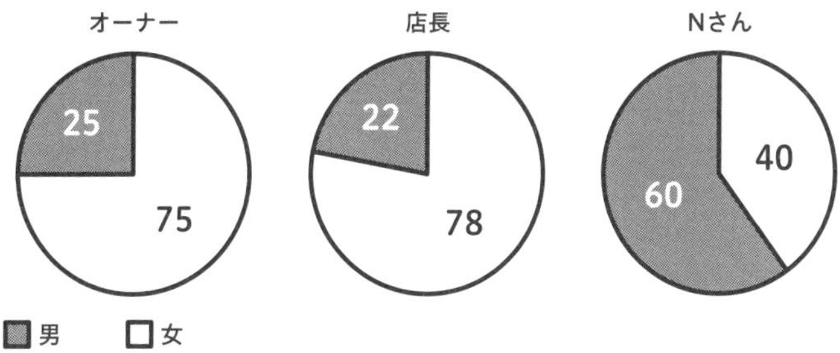


オーナーの話の通り、売上の高い２人の上位顧客は女性が占めている一方で、Ｎさんは男性客の比率が大きいため、売上を伸ばせていませんでした。

ただしここで覚えておいてほしいことは、**オーナーやスタッフの意見を鵜呑み（うの）みにせず、自分の目でしっかりと確認するということ**です。感覚や経験則の話だけを信じてしまうと、施策を考える際の次なる一手が“机上の空論”になります。常に数字の確認をしなければ、今後の施策に活かせないからです。

## 【図21】 スタッフごとの売上構成比(客層)

| オーナー　LTV　109,056円(平均) | | | |
|---|---|---|---|
| 年代・性別 | 客数(人) | LTV(円) | 来店回数(平均) |
| 50代女性 | 6 | 123,570 | 7.3 |
| 40代女性 | 18 | 122,828 | 6.0 |
| 30代女性 | 23 | 166,480 | 5.6 |
| 不明男性 | 1 | 155,580 | 11.0 |
| 60代女性 | 2 | 113,877 | 6.0 |
| 20代女性 | 15 | 113,534 | 6.5 |
| 不明女性 | 6 | 107,735 | 6.7 |
| 40代男性 | 4 | 96,477 | 8.5 |
| 50代男性 | 2 | 87,044 | 10.5 |
| 60代男性 | 1 | 86,000 | 10.0 |
| 30代男性 | 6 | 85,329 | 7.7 |
| 20代男性 | 11 | 79,835 | 7.1 |

| 店長　LTV　104,033円(平均) | | | |
|---|---|---|---|
| 年代・性別 | 客数(人) | LTV(円) | 来店回数(平均) |
| 50代女性 | 2 | 135,542 | 7.0 |
| 40代女性 | 7 | 113,432 | 6.9 |
| 不明女性 | 4 | 108,787 | 7.5 |
| 20代男性 | 6 | 105,496 | 9.7 |
| 20代女性 | 12 | 104,880 | 5.7 |
| 30代女性 | 11 | 97,778 | 5.3 |
| 30代男性 | 2 | 88,495 | 7.0 |
| 10代男性 | 2 | 70,578 | 10.5 |

| Nさん　LTV　94,167円(平均) | | | |
|---|---|---|---|
| 年代・性別 | 客数(人) | LTV(円) | 来店回数(平均) |
| 50代男性 | 2 | 134,745 | 7.5 |
| 20代女性 | 10 | 106,141 | 6.7 |
| 30代女性 | 7 | 100,431 | 6.4 |
| 40代女性 | 2 | 96,233 | 7.5 |
| 20代男性 | 16 | 91,917 | 7.3 |
| 30代男性 | 6 | 80,895 | 8.8 |
| 10代男性 | 2 | 80,600 | 8.0 |
| 不明女性 | 1 | 77,317 | 8.0 |
| 50代女性 | 1 | 75,939 | 5.0 |
| 不明男性 | 2 | 74,930 | 12.0 |
| 40代男性 | 1 | 61,615 | 6.0 |

※不明……POSデータに年代を登録していないお客様

次に、スタッフごとの売上構成比率を見ていきます。

【図21】で気になるのは、売上総額でもNさんの上位10%のお客様のLTVが低いという点です。オーナーと比べると約1万5000円も差があります。これは、**お客様の年齢層の違い**が影響しているのかもしれません。

さらに、店長とNさんの構成比率を比較すると、年齢層は似ていることが分かります。しかし、LTVは約1万円の差があります。つまり、**店長とNさんの売上の差は店販の平均単価**（図19）だと判明しました。

これらの数字から、やはり売上を伸ばすためには「平均顧客単価」がカギを握っていることが分かります。【STEP 2】では、売上を上げるためには何をしたらいいのか、仮説を立てて考えてみましょう。

これらの数値は、すべてPOSデータから分析しています。【STEP 1】で見た数字以外にも、経費なども分析することで、総合的な判断が可能となります。

さらに、過去のデータをスプレッドシートにまとめて可視化することで、新たに見えてくる課題もあると思います。新たな課題が生まれたら、さまざまな角度から数字を分析し、施策を講じて解決していけばいいのです。

## STEP 2 仮説を立てる

店販の売上個数が多いオーナー、店販の平均単価が高い店長、そしてNさんの差は何をしたらなくなるでしょうか。

皆さんが経営コンサルタントになったつもりで、この美容院のLTVを上げる方法を考えてみてください。

### 【 LTVを上げるためには？ 】

私のマインドマップは次の通りです。



【図22】 マインドマップ

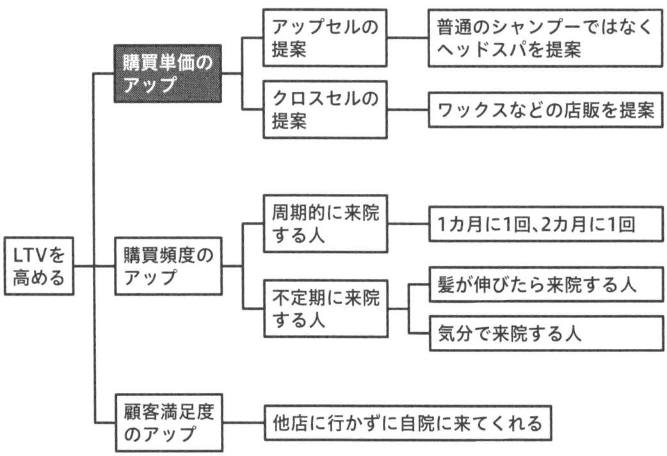

### 仮説① 来店頻度を上げる

お客様の来店頻度が上がれば、購買頻度も上がるので結果的にLTVは上がります。

突然ですが、あなたは美容院にどのようなサイクルで行っていますか？ 1カ月に一度は必ず行くという周期で決めている方、ここまで髪が伸びたら行くという不定期の方など、人それぞれだと思います。女性は特に、髪を切るサイクルを自分なりに決めている方も多いでしょう。

このように、お客様の意思が介在する場合、2カ月に1回来ているお客様の来店頻度を上げ、1カ月半に1回来ていただくような施策は取りにくいのです。**来店頻度は、経営コンサルがアドバイスをして改善されるものではなく、美容師の施術スキルや、セールストークによって左右されるもの**だと考えています。

### 仮説② アップセル（サービス）の提案をする

カットだけのために来たお客様に、カラーやトリートメントといった施術をプラスしてもらうことで、購買単価をアップする方法もあります。

しかし、この仮説も経営コンサルが数字を分析して解決するには、ハードルが高いです。なぜなら、カットに来たお客様に「カラーをやりましょう」「パーマをやりましょう」と提案しても、お客様と美容師の会話を毎回聞くことはできないからです。もちろんトークスクリプトは、事業拡大していく際には必要になるので作っておきましょう。

### 仮説③ クロスセル（店販）の提案する

来店頻度と施術には、売上の限界があります。それならば、「店販」を買ってもらうことで購買単価を上げる方法はいかがでしょう。来てくれたお客様に「ワックスを使ってみませんか？」などと提案し、購入してもらえれば売上になります。店販は、売上の限界がないので、短期間でも数字を動かすことができそうです。

## 店販の売上を伸ばす仮説を深める

店販を増やすため、まず「2対8の法則」（58ページ参照）を見ます。太客の現状を把握することで、より精度の高い施策ができると考えました。

### 仮説④ 下位70％のお客様のLTVを上げる

【図23】をご覧いただくと分かるように、1年間で来店した2450人のうち、太客（上位30％／S・Aランク）の人たちで売上の約70％を占めています。

太客はすでに売上を立ててくれているので、残りのお客様（下位70％／B・Cランク）のLTVを引き上げられたら、お店の売上を伸ばせそうです。商品を買ってくれれば売上が伸びますが、現時点で売上貢献度の低い方が、商品を提案しただけで買ってくれるでしょうか……。

【図23】 客数と売上構成比

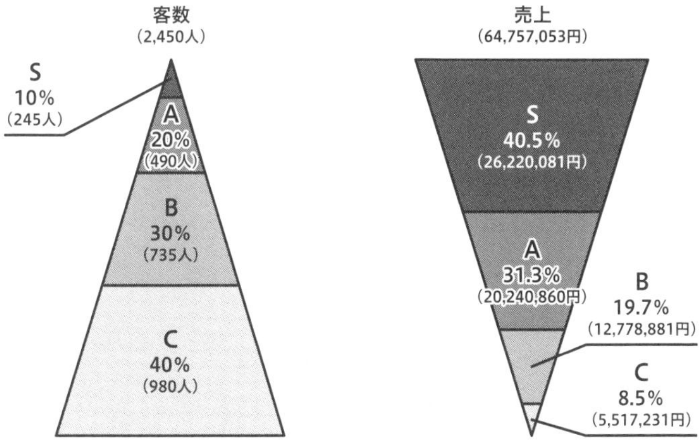

カミングスーンのPOSデータ(2022年度)

## 仮説⑤ 上位30%と同じ属性のお客様を増やす

Sにあたる太客の属性をセグメントしていきます。

この美容院は、全世代で女性のLTVが高く、客数は20～30代の女性が約55%を占めていると分かります。

さらに、【図24】を見ると、来店回数は1年間で7回程度、1.5カ月に1回の頻度で来店される方が多いようです。

太客と同じ属性の人が増えれば、売上が伸びそうです。新規顧客をSNSや口コミなどで引っ張ってくる必要があります。

これまでにもお話ししたように、ローカルで新規のお客様を集客するのは労力がかかるので、すぐに結果を出したい場合には不向きでしょう。

**【図24】 太客の属性別LTV**

| 年代・性別 | 客数(人) | LTV(円) | 来店回数 |
|---|---|---|---|
| 50代女性 | 10 | 120,933 | 6.9 |
| 40代女性 | 28 | 117,772 | 6.3 |
| 20代女性 | 68 | 111,381 | 6.3 |
| 50代男性 | 4 | 110,895 | 9.0 |
| 30代女性 | 46 | 109,016 | 5.6 |
| 60代女性 | 3 | 101,255 | 6.3 |
| 不明女性 | 15 | 97,709 | 6.6 |
| 40代男性 | 6 | 94,277 | 7.8 |
| 20代男性 | 40 | 89,183 | 7.9 |
| 不明男性 | 3 | 88,480 | 11.7 |
| 60代男性 | 1 | 86,000 | 10.0 |
| 30代男性 | 14 | 83,881 | 8.1 |
| 10代男性 | 5 | 83,395 | 8.8 |
| 総計 | 243 | (平均)104,462 | (平均)6.8 |

※不明……POSデータに年代を登録していないお客様

## 仮説⑥ スタッフ間のLTVの差をなくす

【図21】(95ページ)の美容師別のLTVの高いお客様を見ると、オーナーと店長は10万円以上です。太客のLTVが10万4462円なので、この2人のLTVを今より上げるのは難しいと感じました。

注目すべきは、NさんのLTV。**Nさんの上位10%のお客様(約9万円)が10万円台に近づく、つまりLTVの差をなくすことで、店舗全体のLTVが上がります**。LTVが上がれば上がるほど、お客様一人ひとりが支払う金額が上がり、お店の売上も上がるということです。この仮説ならば、新規顧客を集めずに実施できそうです。

### 仮説⑦ スタッフの「差」はどこにある？

この3名の美容師は、技術力に大きな差があるわけではありません。ただ、お客様からいただく金額が違うだけです。

これまでに見てきた数字から、太客の人数は20代のお客様が一番多いのですが、LTVの金額は30～50代が高いと分かりました。

【図25】を見てください。オーナーと店長の太客は、Nさんと比べて30代以上の方が多いと分かります。LTVの高い年代が半数以上を占めているため、LTVが高くなっていたのです。Nさんのの LTVが低い原因は、20代の太客が多く、40代・50代が少ないからだと判明しました。

### 仮説⑧ 高単価の商品を売る

ここで、改めて年間の店販の売上を確認してみましょう（図26）。

店長とNさんを比較すると、年間売上個数はNさんのほうが29個多いです。しかし、売上は年間27万円、平均単価は1400円も店長のほうが高いですよね。ここから、店長は「高単価商品を売っている」と見て取れます。

**Nさんの購買単価を上げる、ひいては店舗全体の売上を伸ばすために、もう少し高単価な商品を提案できればいい**という仮説を立てることができます。

## 【図25】 スタッフごとの太客の年齢層

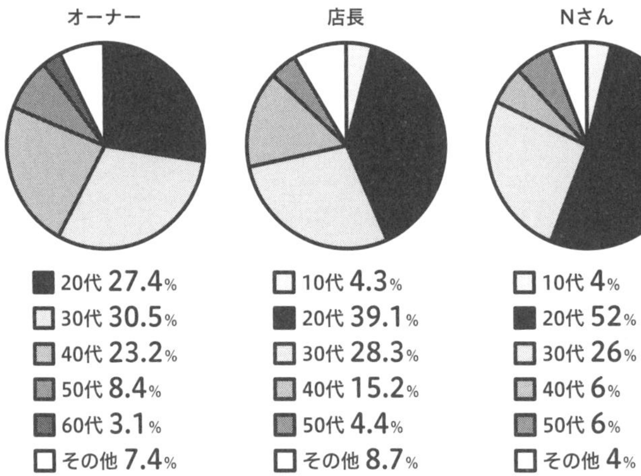


## 【図26】 スタッフごとの売上構成比(店販)

| | 年間売上個数(個) | 年間売上(円) | 平均単価(円) |
|---|---|---|---|
| オーナー | 511 | 203万 | 3,984 |
| 店長 | 268 | 124万 | 4,630 |
| Nさん | 297 | 97万 | 3,272 |

## 別の視点で売上を伸ばす方法はないか？

店販以外で、売上を伸ばす方法はないでしょうか？　別の視点から考えていきます。

### 仮説⑨　定性的な情報から施策を考える

93ページで、オーナーが午後に現場を抜けるため、火曜日の売上が下がっているとお話ししました。売上を伸ばす施策を講じたら、お客様が増えそうです。効果のありそうな施策として、次の2つを考えました。

- お客様の多い土日の売上をさらに伸ばす施策
- お客様（売上）の少ない日にお客様を集める施策

この場合、**お店全体を分析し、どこに伸びしろがあるのかを定性的な視点から考えていきます**。

定性的なデータは数字を見ても分からないので、スタッフに担当したお客様へヒアリングしてもらいます。

太客として大多数である「20代女性」は、どのような属性でしょうか。職業は何なのか、休みは土日なのか、退勤は何時ごろか――夜勤が多いのか、5～6時に終わるのか――など、深掘りしていきます。もし土日休みの会社員が多ければ、平日に力を入れても集客が見込めないと判断できます。

しかしながら、「土日に集客をしよう！」と考えるのは早計です。定量的にお店の状況を見て、「土日の稼働率は80％以上で、これ以上お客様の人数が増えてもキャパオーバーだ」となれば、別の施策を講じて利益を出すことを検討しましょう。

### 仮説⑩ 潜在的なニーズから施策を考える

ヒアリングの結果から、新たな事実が見えてきました。この店の髪を染める（カラーの施術をする）太客は、看護師が多かったのです。

「看護師＝黒髪」というイメージを持っていませんか？　私もこの話を聞くまで、看護師が髪を染めているイメージはありませんでした。美容院のオーナーもスタッフも、無意識に典型的な看護師像を抱いていました。

ここから、「**一般的に“堅い”と思われている職業の人にもカラーの提案をする**」と仮説を立てられます。カラーの提案をできる人が増えれば、顧客単価アップ＋マーケットの拡大を期待できます。そうした、今まで潜在化されていた部分を引き出し、売上を伸ばす手段を考えましょう。

## STEP 3 収益化する方法を考える

スタッフの技術力に差はないものの、店販には差があることが分かりました。オーナーの販売個数と店長の購買単価の高さが売上を伸ばすカギです。皆さんなら、どのような収益化する方法が思いつきますか？

私は、「**店長とNさんがオーナーの販売個数に近づくことができれば、売上が伸びる**」と考えました。

オーナーは年間511個売っています。511個の商品内訳を調べると、さまざまな種類の商品を販売していたと分かりました。店長の店販の購買単価は高いものの、商品の販売個数は到底及びません。そこで、店長とNさんの販売個数を、それぞれ現時点＋100個（合計約400個ずつ）を売ることができれば、すぐに売上が立つと試算しました。

### [ スタッフの差をなくすためのマニュアル作り ]

スタッフの売上の差をなくすため、施策を開始する前に、オーナーに接客方法を質問しました。スタッフ全員がオーナーと同じように接客できたら、店販の売上だけでなく、施術の売上も伸ばせると考えたからです。

例えば、

- おすすめの商品を提案する（買ってもらう）方法
- カットで来店した人にカラーやパーマを提案する方法
- ロングヘアの人にどのような提案をするのか

といった、経営者のセールストークをすべて棚卸しし、お客様に何をどのように提案しているのかを探ります。

この店舗のように、**オーナーの売上が一番高い場合、接客スキルをマニュアル化するのがおすすめです**。属人性がなくなり、経験が浅い人でも売上を伸ばしていけるようになります。

接客マニュアルがあれば、店販部分の「セールストーク」におけるスタッフの能力差がなくなります。全スタッフのトーク力がオーナーに近いレベルまで底上げされたら、おのずと店販の数字は上がってくるでしょう。

スタッフの力を伸ばすマニュアルの作り方は116ページでご紹介します。

# STEP 4 目標を立てる

では、各スタッフの能力差をなくし、オーナーの数字に近づけるためには、どのように目標を立てればいいでしょうか。

## 目標値を定める

1年間で511個売っているオーナーは、単純計算で月に42～43個販売しています。店長とNさんは月22～24個です。

**目標値の設定方法は、最大値の65%に定める**のがセオリー。月間売上の最大値である43個の65%、28個を個人目標に定めます（今回は、キリのいい30個を目標に設定しました）。30個売ったら、1年間で360個売ることになるので、売上は大幅アップです。

目標を「昨年の268個を今年は360個にしよう」と言われると、ハードルが高く感じます。いきなり100個近く増えることになるので、プレッシャーも大きいですよね。

そのため、**タスクは細切れにして伝えましょう**。年間で360個売るのなら、「1カ月に30個」「1週間に7～8個」と言えば、目先のやるべきことが見えてきます。

## 達成目標・行動目標・実行項目を立てる

目標の大枠である**達成目標は「1年で360個売る」**です。店長は268個、Nさんは297個だった昨年の店販の販売個数を、どのような行動を取れば増やせるでしょうか。

店長は、月平均22個売っていたものを30個に、週に5～6個から7～8個に増やさなくてはいけません。

店販を購入してもらうためには、商品をお客様に提案する回数を増やさなければいけません。出勤日数が1カ月に25日、1日に対応できる人数が6名、店販を購入してくれる確率が30％だと仮定すると、行動目標は「**毎日4人の顧客に商品を提案し、毎週8個以上の商品を販売する**」となります。この行動目標にした理由は次の通りです。

### 行動目標をKPIから考える

「KPI」という言葉をご存じでしょうか。KPI（Key Performance Indicator）とは、「重要業績評価指標」のこと。目標の達成に向かって、プロセスが適切に実行されているかどうかを計測する役割があります。

「毎週8個売りましょう」と言葉で言うのは簡単ですが、8個売ること自体を行動目標にすると、ハードルが高く感じてしまうものです。そこで、「何人のお客様に商品を提案するか」という点にKPIを置きます。週8個売るためには、（購入確率が30%なので）1週間で24名に提案する必要があります。ここから、1日に提案する人数は、【24名（1週間に提案する人数）÷6日（出勤日数）＝4名】と算出しました。

「8個売れた」というのは行動の結果。**その前段階の、提案できた人数に重点を置けば、そこまで難しく考える必要はなくなります**。

店長とNさんにヒアリングすると、共通して「気分によって商品を提案したりしなかったりすることがある」と言いました。これまで2人は、来店したお客様のうち、半分ほどの方にしか提案をしていませんでした。一方、オーナーは、来店したほぼ全員のお客様に商品を提案していました。商品を提案した人数の差が、売上の差になっていたのです。

## 商品提案は数ではなく「会話の質」勝負

お客様に提案していくためには、ある程度、攻守を考えておく必要があります。お客様に適した商品をどう紹介するのか、反論があればどう対応するのかといった**「トークの展開パターンを考える」ことを、実行項目に決めましょう**。何も準備せずに会話へ臨んでも、お客様が商品に納得せず、購入にはつながりにくいのです。

トークの展開パターンとしては、

- **髪に求める理想の状態や仕上がりはありますか？**
- **髪について一番気になるポイントは何ですか？**
  ……ツヤや健康な髪、扱いやすさなど
- **髪のパサつきや乾燥を感じる場合はありますか？**

この３つを必ず聞くことを課しました。この質問をフックにお客様のニーズを深掘りして、商品の提案に移行します。

以上のことから、今回の施策の目標は次の通りです。

- **達成目標**：商品を年間360個売る
- **行動目標**：毎日４人の顧客に商品を提案し、毎週8個以上の商品を販売する
- **実行項目**：
  - ・トークの展開パターンを考える
  - ・顧客が座ったら、その人の髪質やスタイルに適した商品を１つ選んで説明し、試供品を使って体験してもらう
  - ・営業終了後、その日に提案した商品と売れた数をノートに書き、どの商品が売れやすいかを把握する
  - ・毎週月曜日の朝、チームミーティングで各自が先週最も売れた商品とその理由を共有する

この目標であれば、お客様へ提案するハードルが下がり、毎月の目標値を達成できそうです。

小さなステップの積み重ねが目標の売上につながります。この目標を掲げて施策を開始し、様子を見ましょう。

# STEP 5 目標達成率・利益率を分析する

施策を始めたら、期間を決めて目標の達成率と利益率を確認しましょう。この美容院の場合、見るべき軸は2つあります。

①個数
②購買単価を上げる

【STEP 4】で、オーナーの実績である511個に近づけるために、達成目標を「商品を年間360個売る」と定めました。達成度が分かりやすい「個数」を目標値としましたが、**たとえ個数は達成できなくても、昨年と比較して、高単価商品を販売し「購買単価が上がっている」ならば、売上は伸ばせています**。これは結果的に、成功していると言えます。

## 達成率を数字で振り返る時間を設ける

私が営業職を7年経験し、人が一番へこたれる瞬間というのは、決めた目標を達成できなかったときだと感じました。「私はなんてできない人間なんだ」と自分に対して嫌悪感を抱き、本業に悪影響が出る可能性も考えられます。

美容師は技術職であり、営業職ではありません。目標に対して意欲的に取り組む業種ではないので、ノルマや数字を追うような仕事には慣れていないはず。ノルマを気にするあまり、目の前のお客様への施術がおろそかになってしまえば、本末転倒です。

経営者にとって、**目標設定したことにより、スタッフが離職してしまうのは最悪なシナリオ**です。ノルマを負担に感じ、追い詰められてしまうようでは意味がありません。

そこで、目標を達成できてもできなくても、**週に一度、30分でもいいので一緒に振り返る時間を設けてほしい**のです。うまくいった方法や失敗をシェアすることで、やり方を修正することができます。

## 週2時間の事務作業日に自分の行動を振り返る

目標達成のため、私はオーナーにもう一つ提案しました。それは、美容師の方々に、**週に2時間の事務作業の日を取っていただく**ことです。

目標に向かって意図的に数字を作っていくためには、考える時間や、振り返りの時間が必要です。2時間もあれば、お客様を1人施術でき、売上になるでしょう。しかし、**あえて考える時間を取ることで、目標に向かって一層効率的に動けるようになる**のです。

事務作業時間で、今週の自分の売上を見たり、どのようにお客様にアプローチして、何を買ってもらうことができたのかといったことを分析したりします。目標の達成度合いや行動をスタッフ自らが分析することで、自分の課題を見つけることにもつながります。人から指示されてやる課題より、自分で気づいた課題のほうが、解決までの時間も短く、結果が出やすいのです。

業務時間内に2時間も事務時間を作るのは、「無理だ」「時間がない」と感じる方もいると思います。たしかに、忙しい曜日や時間帯（ピークタイム）にスタッフが1人抜けてしまうと、店舗へのダメージは大きいですよね。

そこで、「**アイドルタイム**」の出番です。アイドルタイムは、お客様の少ない時間。飲食店のランチとディナーの間の時間と言えば、イメージしやすいかもしれません。この美容院では、夕方の4時以降で調整することになりました。

時間を捻出する際も、過去の傾向を見て「この時間だったら抜けても大丈夫だ」とロジカルに決めましょう。

店舗運営をしていると忙しくて事務の時間など取れないと思ってしまいますが、時間は必ず作れます。ご自分の店舗の傾向を見て、意図的に時間を作っていってください。

## 施策の成果

2023年6月時点で、施策を開始して7カ月が経過しました。

商品の販売個数に関しては、

- **店　長**：＋118％（前年同月比）
  平均販売個数22個／月→26個／月
- **Nさん**：＋130％（前年同月比）
  平均販売個数24個／月→31個／月

と、プラスに推移しています。繁忙期（7月）を控えているので、さらに伸びていく可能性が予測されます。

スタッフ間で、どのようなお客様にどの商品が売れるのかといった成功事例を共有することで、売れる商品の属性が分かってきたようです。自分の行動をスタッフ同士で伝え合うことによってコミュニケーションが増え、結果的にお店全体の士気が高まりました。今後の成果にも期待が持てます。

# 人が育つマニュアル作成のコツ

【STEP 3】で、スタッフの能力差をなくすためにマニュアルを作成しましょう、とお伝えしました。では、人が育つマニュアルとはどのように作ればいいでしょうか。

**マニュアルとは、経営者自身の経験で築き上げてきた過程やスキルを、実際にスタッフに落とし込むためのもの**です。ところが、多くの経営者がマニュアル作成の重要性に気づいていません。

**マニュアルの重要性**

- 作業標準化……ミスの減少と業務効率化、組織力の向上
- 時間短縮……自己解決を促し生産性向上
- 品質確保……情報の格差をなくし業務品質を均一化
- コスト削減……新入社員の育成や引き継ぎに使用可能
- リスク低減……属人性をなくし業務レベルを統一

マニュアルがなければ、経営者がずっと現場に出ないといけません。すると他のスタッフが成長する機会も減ってしまいます。マニュアルを作成しスタッフに共有することで、経営者自身しかできない業務にリソースを割けるだけでなく、スタッフも自ら動いてくれるようになるので、さらに事業が

拡大することを期待できます。

例えば、「なかなかリピーターがつかない」と悩んでいるスタッフがいたとします。マニュアルがないと、新規顧客の集客を頑張るなど、間違った方向の努力を始める可能性もあります。なぜなら、リピーター獲得のためのアプローチ方法が展開されていないために、どのように動くべきか分からないからです。

しかし、マニュアルにお客様への施術中や会計時のアプローチ方法が書かれていれば、リピーター獲得のための行動が理解でき、顧客満足度を高め、リピーターを獲得できます。

つまり、マニュアルがないと店舗にとって機会損失が大きいのです。

**マニュアル作りは、経営者以外の「第三者」、可能なら社外の人に任せたほうがいい**と私は考えています。

もちろん社内だけで完結できるのであれば、それに越したことはありません。しかし、マニュアル作成はタスク領域で言う「緊急ではないが重要である」という位置づけです。そのため、日々の業務で忙しい経営者はマニュアル作成を後回しにしてしまう傾向が強いのです。自分でやったほうが早いと思いつつ、取りかかれないという方を多く見てきました。

そのうえ経営者は、業界にどっぷり浸かっている方がほとんどだと思います。マニュアルを作っても、"誰にでも伝わる言葉"で作れないことが多いのです。**マニュアルは"誰が読**

**んでも使えるもの”でなくては意味がありません**。マニュアルを作成する際は、視座を新人に合わせる必要があります。

実際、美容院のオーナーに「どうしてこんなに店販を売れるのですか」と聞いてみたところ、「提案したら売れるよ」としか答えてくれませんでした。恐らく、自分の中で当たり前すぎることしかやっていないため、特別なノウハウがあると思っていないのでしょう。

スタッフが経営者に聞いてマニュアルを作ろうとしたところ、社内のパワーバランスなどが絡み、うまくいかないケースも見てきました。そんな経験から、外部の人間がヒアリングして、有効なノウハウや共通項を見つけていくことで、経営者自身のセンスや世界観をスタッフ全員が理解し、仕事に昇華できるマニュアルを効率よく作れるのです。

また、**マニュアルがあることで社員教育もスムーズに進みます**。「一体いつになったら一人前になれるのか」「自分には何が足りないのか」と悩む新人スタッフが出てくることもありません。「一人前」の基準やそこまでに至るプロセスが明確であれば、自分に足りない要素が理解でき、座学から技術面まで自主的に目標を立てて行動できるようになります。

マニュアル作り一つで、業務効率の向上から、社員教育まで、さまざまなことが解決します。次の項目から、自社でマニュアルを作る場合のポイントを解説します。

## 自社でマニュアルを作るための3つのポイント

これから自社でマニュアルを作成するならば、**絶対にデジタルで作ってください**。デジタルで作ることにはメリットしかありません。マニュアル作りのポイントは、3つです。

①ビジュアル（動画など）で訴求する
②どの端末からもアクセスできる
③経営者の内面が分かる内容になっている

以上のポイントを満たしたマニュアルであれば、十分に効果を発揮できます。一つひとつ見ていきましょう。

### ①ビジュアル（動画など）で訴求する

一昔前のマニュアルは「紙ベース」が当たり前でした。今でも、ノウハウを口伝している、あるいは数年前にWord[※11]に打ち込んで作ったマニュアルを渡すなど、アナログなままになっていませんか？　基本的に白黒で、テキストと文字だけで構成されているマニュアルが多い印象です。

**情報のインプットはテキストより、画像や動画のほうが頭に入りやすい**のです。そのため、ビジュアルで訴求できる画像や動画を駆使してノウハウを伝えましょう。新しいスマホ

※11　Microsoft社が開発・販売している文章作成ソフト

や家電製品の使い方も、取扱説明書を読むより動画で説明されるほうが分かりやすいと感じたことのある方も多いはずです。

## ②どの端末からもアクセスできる

せっかくマニュアルを作っても、見たいと思ったときに手元になければ意味がありません。紙のマニュアルを常に携帯するのは、重いうえにかさばります。さらに、項目を見つけにくいといった利便性にもデメリットがあります。

デジタルで作り、**URLやアプリを共有しておけば、自分のパソコンやスマホからすぐにアクセスできます**。気になる項目を検索して動画を見たり、手順を写真で見たりすることが簡単にできれば、不安もパッと解消できるでしょう。

また、マニュアルは、“いい意味で”変えていく必要があるものです。**適宜ブラッシュアップしていかないと、次第に使えないものになってしまうから**です。

経営者の理念や思いは、時を経ても変わらないものです。しかし時代が変われば、スタッフも来店されるお客様も変わります。個人の技術力も、機材や商品のスペックも上がるでしょう。それなのにマニュアルが数年前の情報で止まっていたら、使えるノウハウは減っていきます。

**新しい概念が加われば、その都度、手を加えて（書き換えて）いく**。修正しやすい点もデジタルでマニュアルを作るメリットです。

### ③経営者の内面が分かる内容になっている

マニュアル動画の内容は、第三者が質問したことに対して、経営者が答えていく形で決めていきます。**たくさん話してもらった中から内容を固め、厳選されたコンテンツに仕上げていく**のです。

経営者にとって当たり前のことが、スタッフにはできないということは、よくあることだと思います。テクニックはもちろん、マインド面もマニュアルに入れることで、その能力の差を可能な限り埋めていけるようになります。

私がマニュアル作りの際に取り組んでいるのは、ロールプレイです。マニュアル作成者を疑似的にお客様とみなし、接客するシーンのすべてを動画に撮り、そこからポイントとなる部分を抽出・編集し、まとめます。

この3つのポイントをおさえたマニュアルを店舗のスタッフだけで作るのは、なかなか難儀なのではないでしょうか。外部の人間が行えば、経営者のスキルも「見える化」しやすいですし、撮影や編集といったデジタルツールを使って、動画にまとめるノウハウも持っています。金銭的な面も考えなくてはなりませんが、本業に集中するためにも、外注できる部分は思い切ってプロに頼ってしまいましょう。

## マニュアルにする動画作りのポイント

動画を撮るために、高度な機材などは必要ありません。**今持っているスマホ1台あればOK**です。よりよい動画を作るために、新たなツールなどが必要になる場合がありますが、最近は安価なものが充実していますので、ご安心ください。

動画を撮るときは、次の点に気をつけましょう。

- カメラ目線で撮影しない
- 音質にこだわる
- 動画は10分以内にする
- 台本にこだわる

動画を撮る際のテクニックとして、あえてカメラ目線で撮らないことをおすすめします。

一昔前までは、真正面にカメラを置き、まっすぐカメラを見て話すという構図が流行っていました。しかし今は「少し視点を外して撮る」というスタイルにシフトチェンジしています。**目線を外すことで、真正面から見られるほど圧を感じず、動画の内容が頭に入ってきやすい**のです。

マニュアルの動画では、基本的に経営者が話している姿を見ることになります。風格のある経営者の場合、スタッフが話の内容に集中できないのではと考えたのです。

【図27】 カメラ目線による印象の違い

■カメラを見て話す

コレが続くと
信用をドンドン
失っていくので


●圧を感じる
●話の内容に集中できない

■カメラマンを見て話す

自分のサービスに自信がない人は
どうしたらいいのか？
価値がないものって
お金払わないんですよね


●圧を感じない
●話の内容が頭に入ってきやすい

また、ボソボソと話し、何を言っているのか分からないような動画では意味がありません。可能であれば、**マイクを使う**ことをおすすめします。環境音や雑音のないクリアで聞きやすい動画になれば、ストレスなく視聴できます。

さらに、台本作成にも重きを置くことが求められます。

「台本を書く」と聞くと、ハードルが高く感じるかもしれませんが、そんなことはありません。**5W1H（いつ・どこで・誰が・**

**何を・なぜ・どのように）を意識して、マニュアルが机上の空論ではなく、しっかり現場で使えるものになっているのかを意識しながら書いていく**のです。

これらを踏まえながら、**動画は長くても10分以内にまとめる**こともポイントのひとつです。

動画は基本的に「1動画1テーマ」に絞ること。テーマごとに動画が分かれていることで、見返しやすくなります。動画が長いと、「あの部分をもう一度見たい」と思ったときに、探すのに時間かかってしまいます。できるだけ細切れで、ポイントが分かりやすくなるように台本・動画編集を工夫していきましょう。

美容院のマニュアル動画の場合、【ヒアリング編／シャンプー編／トリートメント編／会計編／予約の取り方編】といった大枠を決め、この大枠の中からさらに細かい項目を決めていきます。【予約の取り方編】なら、初回来店の方への声かけ／事前予約の方法／コミュニケーションの取り方／次回の予約の促し方など、細かく動画を作ります。

お客様が来店してから帰るまでの流れをシーンごとに分け、台本には「シャンプーのとき何に気をつけていますか」など、経営者にする質問を書いておきます。

こうして動画に落とし込んでいくと、スタッフ自身がつまずいているところについての理解が進みます。

## マニュアル作りのチェックポイント

最後に、マニュアルを作る際に確認するポイントをまとめておきます。

- 5W1Hを意識できているか
- 全体像が分かるようになっているか
- 目次で検索しやすくしているか
- 主観的な知識を言語化できているか
- 実際の業務を想定した内容になっているか
- 重要なポイントを強調してあるか

一通り作ったら最終確認としてチェックしてください。

# 「伝わる言葉」で棚卸し

マニュアル作りやお客様へのセールストーク、社員教育など、あらゆる場面で必要なのが「伝わる言葉」です。

マニュアルの場合、制作の中心は業界歴が一番長い経営者、その一方で、マニュアルを見る人は業界歴が一番浅い人です。両者の間には大きな乖離（かいり）がありますが、話が通じなかったとき、「経験が違う」「スキルの差がある」と片づけられてしまうこともあるのではないでしょうか。

私は常々、「日本語は難しい」と感じています。なぜなら、人によって同じ言葉でも違う受け取り方をしたり、曖昧に解釈されていたりするからです。しかし、**店舗における定義を丁寧にそろえていけば、初心者でも未経験者でも理解できる**マニュアル作成が可能です。そのため、一つひとつの言葉をきちんと定義づけていきましょう。

「言葉の定義をそろえる」と言っても、一筋縄ではいきません。例えば私が身を置いているマーケティング業界において、「マーケティング」の定義は、人によって異なることが多々あります。私が「マーケティングの仕事をしています」と話すと、さらなる説明を求められることが多いのです。

## 【図28】 言葉の定義をそろえる

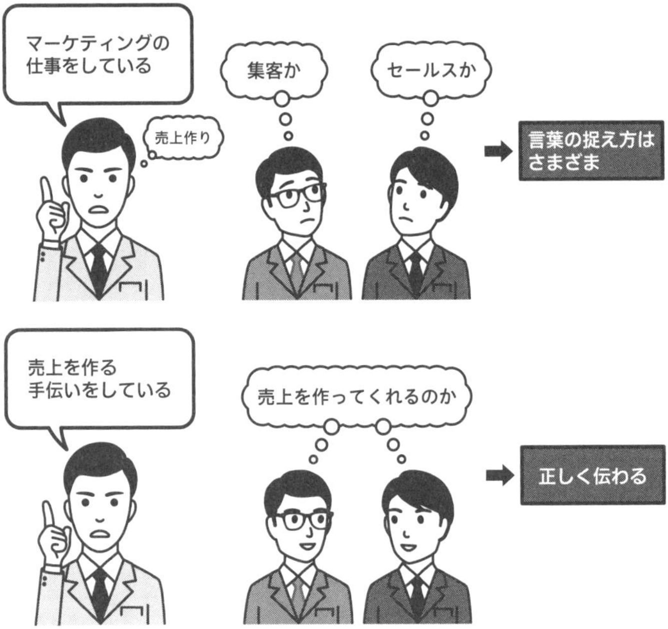

マーケティングの
仕事をしている
売上作り
集客か
セールスか
言葉の捉え方は
さまざま
売上を作る
手伝いをしている
売上を作ってくれるのか
正しく伝わる


私は、マーケティングを「売上を作る導線や仕組み作りのこと」であると定義しています。しかし、「集客」のことをマーケティングだと言う人もいれば、「セールス」そのものをマーケティングだと言う人もいます。定義の違いは認識のズレ。だんだん話が通じなくなってきてしまいます。

お互いに前提を定めた状態で話をしないと、相手が私に求めているものと、私が提案できるものの乖離につながります。

そこで、定義が曖昧な「マーケティング」という言葉を使わず、「売上を作るためのお手伝い」「販促活動のサポート」などと伝わる言葉に言い換えています。「広報をしています」「SNSのお手伝いをしています」と言ったほうが伝わる相手もいるので、その都度、表現を使い分けることも必要です。

このように、**相手によって選ぶ言葉を変え、視座を下げて誰にでも伝わる言葉で表現することが「言葉の定義をそろえる」ということ**。言葉の定義やそれに付随するものの見せ方には、その場に応じた工夫が必要なのです。

## 社内向けの「伝わる言葉」とは

私が携わった店舗で、言葉が正しく伝わらなかったがために、スタッフが退職してしまった事例がありました。

**経営者の主張**

Dさんにリピーターを増やしてほしい。自分は一度来店した方のリピート率が85%だから、Dさんがリピーターを取れない理由が分からない。

**新人スタッフ·Dさんの主張**

リピーターを増やしたいが、どのようにトークを展開すれば、次回につながるのかが分からない。

経営者と新人なので、施術スキルに差があるのは仕方ないことですが、トークスキルにも差があったのです。

社員教育の一環として、リピーターを獲得するためのトークももちろんレクチャーしていました。経営者は「お客様にはこういった質問をして、イエスを取っていけばいいんだよ」と伝えていましたが、Dさんはその質問をする意図がくみ取れていなかったのです。

勉強をしていて難問に直面したとき、口頭で「答え」を聞いただけでは正しく理解できたとは言えないですよね。その答えを導き出した「過程」を理解しなければ、同じ問題が出ても自力で解決できないことと同じです。

**質問の方法をマニュアルで学ぶだけでなく、どうしてこの質問をしているのか、どうしてこのやりとりが必要なのか、といった「質問の背景」をくみ取る力が大事**です。とはいえ、質問の背景は、頭でなんとなく理解していても表面化されにくいものです。**理解しにくいからこそ、背景をマニュアルに入れていく**作業が必要だと改めて感じました。

これからマニュアルを作成しようと思っている皆さんは、「なぜそれが必要なのか」というポイントも加えることができると、より良いものとなります。

新人とベテランの差は数字で判別でき、すべて可視化することができます。**スタッフの能力差は、定性的な問題ではない**のです。

「俺の背中を見て覚えろ」というスタイルの経営者は多いかもしれません。しかし、それでは伝わりませんし、いつまでたってもスタッフが育ちません。**スタッフによって能力の差があることを理解し、視座を下げ、伝わる言葉で話していきましょう**。

## お客様に「伝わる言葉」とは

対社内向きの伝わる言葉と、対社外、つまりお客様に伝わる言葉は異なります。**お客様に対しては業界用語を使わず、同じレベル感を持った一般的な言葉で話さないと伝わりません**。

では、お客様に商品をご案内する場面などでは、どのような点に気をつければしっかり伝わるのでしょうか。

私が大切だと思うのは、**メリット（商品のこだわり）よりもベネフィット（商品の価値）を伝えること**です。

例えば、美容院でとてもいいシャンプーがあるとします。もしあなたが店員なら、お客様に「市販のものと比べると、○○という成分がたくさん入っていて、その成分がいい働きをするから髪にいいですよ」などと、すすめるのではないでしょうか。

しかし、私たち一般人は、市販のシャンプーといいシャンプーの比較ができません。販売者側にとってはこだわりでも、シャンプーの成分に対する特別な知識もなければ、何のバイアスもかかっていないというお客様がほとんどです。

そこで、「髪が乾燥しているので、このシャンプーを使うと髪がまとまりやすくなりますよ」と伝えたら、「私って髪が乾燥していたんだ。何か対策しなきゃ」と考え、購入を検討してくださるでしょう。このシャンプーを使うと何が変わるのか、**目の前のお客様に一番刺さる商品の価値をしっかり伝える**ことが大事です。

専門職の人ほど、成分や効能などの細かい説明をしたくなってしまうと思います。しかし、お客様からすれば分かりやすいに越したことはありません。ただ「いい匂いである」というだけでも、ベネフィットを感じてくれるものなのです。

**その商品を使うことで、未来がどうなっていくのかというところに重点を置いて話してあげる**と、伝わる言葉になります。

人は、感情の揺れ幅が大きいときにお金を出すと言われています。**難しい話は心が離れてしまうので、シンプルな言葉で訴求しましょう**。

もし、自分が「未知なるものを買うとしたら」という視点で考えてみると、お客様に伝わる言葉でセールスができるのではないでしょうか。

# 思考を可視化して伝えたいことの本質をつかむ

これまで見てきたように、ビジネスの現場では新人とベテラン、お客様と技術職などの多様な人間が介入していることにより「認識のズレ」が生じることがあります。認識のズレは、トラブルの火種。簡単な指示で済ませてしまったり、メールや紙のマニュアルといったテキストベースでやりとりしたりするだけでは、“伝えたつもりが伝わっていない状況”を生みやすいのです。

**コミュニケーションで大切なのは、自分が思った通りに相手に伝わること**。ビジネスシーンにおいて、これほど重要で難しいことはありません。

認識のズレを生まないためには、相手に伝える前に自分自身の理解を深めておく必要があります。

そのためにできることが、これまでにお伝えしてきた、

- 視座を下げて話す
- 誰にでも分かる言葉を使う
- マニュアルを作る

ということになります。

さらに、**経営者の頭の中（思考）をシンプルに可視化することができれば、もっと伝わりやすくなります**。

## 思考を可視化する7つの図

伝えたいことの本質をつかむために、今からご紹介する「7つの図」を活用し、思考を可視化してください。

「図を使って思考を可視化する」と聞くと、プレゼンが思い浮かびませんか？　プレゼンは、自分の思考を整理して図解することで、伝えたい内容が正しく相手に伝わって、成功するものです。「図解化するのは面倒だ」と思われるかもしれませんが、しっかりと**自分に落とし込んで取り組んでみれば、結果的にコミュニケーションコストは下がります**。

【図29】　思考を可視化する図　①交換

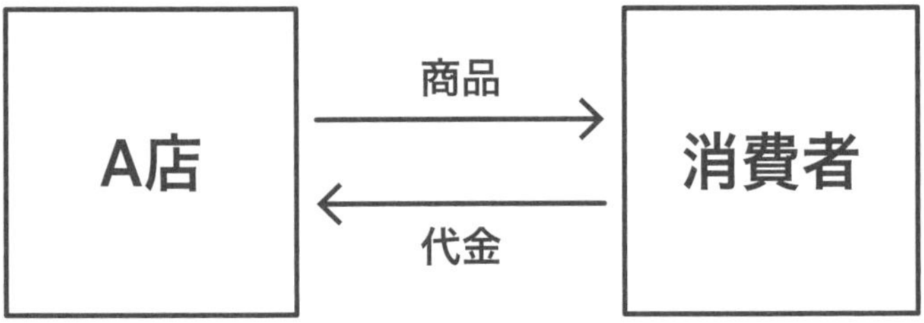


この図を使うと、誰と誰が何を交換する関係なのかが分かります。例えば【図29】のように、A店は消費者に対して商品を提供します。そして消費者はA店に対して代金を支払う形となります。ビジネスモデルの見える化やフェアな関係かどうかの確認に有効です。

**【図30】 思考を可視化する図 ②ツリー**

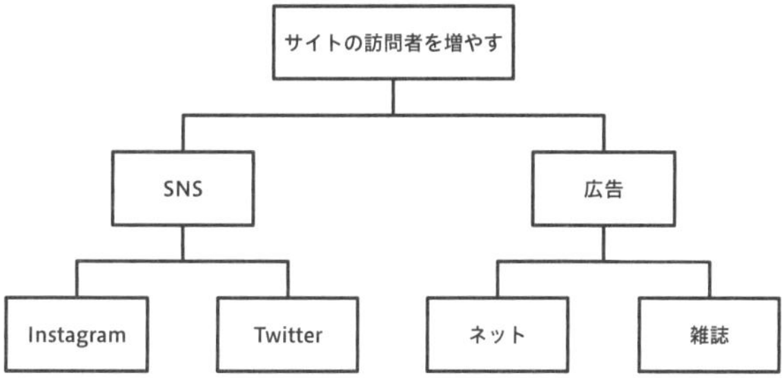


ツリーの図を使うと、その思考が成り立つ構造が分かります。複雑になりすぎた情報を整理するときに役立ちます。

**【図31】 思考を可視化する図 ③深掘り**

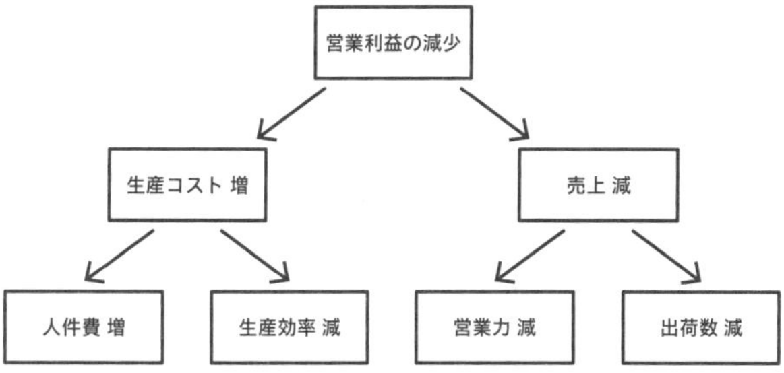


なぜ今の状況が起きているのかが分かります。この図を使って思考を深掘りすることで、課題の要因分析や対策の検討ができます。

**【図32】 思考を可視化する図　④比較**

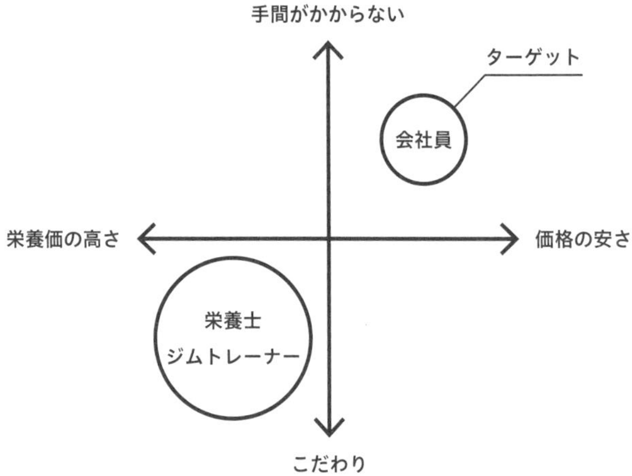


これは「ポジショニングマップ」とも言われ、縦横の軸に入れるKBF（購買決定要因。消費者が購入製品を選ぶ決め手となる要素）によって、自社や競合の商品・サービスがどの立ち位置にいるのかが分かります。どのような人がお客様になってくれるのかを定義するときや、ライバルとの差別化検討、購入対象の比較検討の際に有効です。

【図32】では、飲食店に関してポジショニングを考えました。縦軸は「手間がかからない」↔「こだわり」、横軸は「栄養価の高さ」↔「価格の安さ」を置きました。

右上は手間がかからない・安いものを好む人が対象、つまり会社員などがターゲットとなるでしょう。対極の左下は、栄養価の高さに魅力を感じ、食へのこだわりもある人が入ってきます。栄養士やジムトレーナーなどが対象になります。

【図33】 思考を可視化する図 ⑤段取り

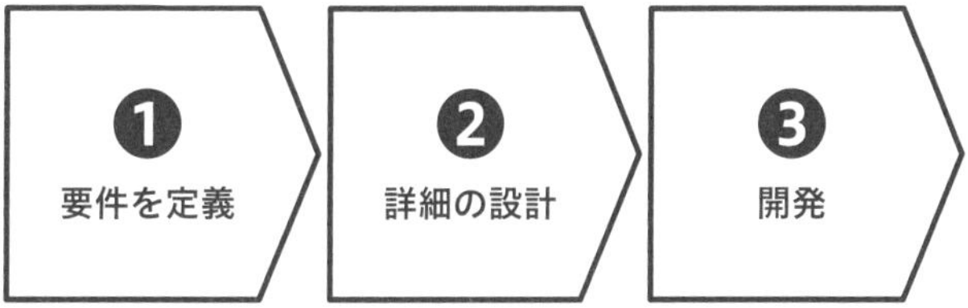


この図を使うと、計画に対して手順を明確化することができます。段取りや手順・進行上の問題把握に有効です。

【図34】 思考を可視化する図 ⑥重なり

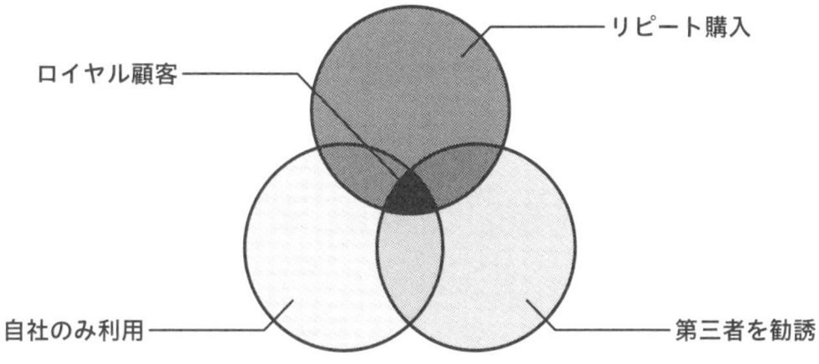


商品やサービスにどんな特徴があるのかを浮き彫りにしま

す。コンセプトの伝達、商品やサービスの強みを検討する際に効果的です。

**【図35】 思考を可視化する図 ⑦ピラミッド**

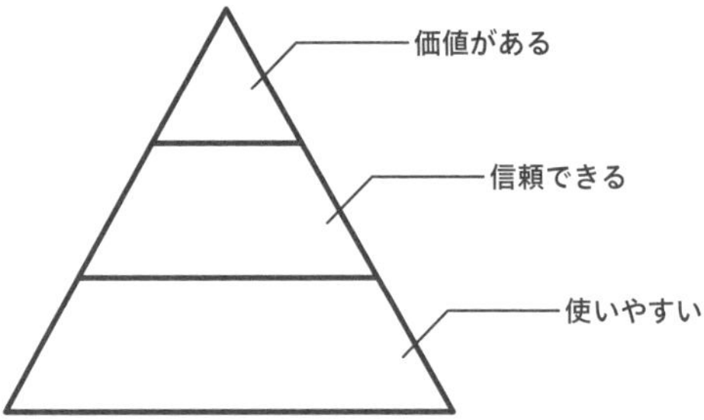


経営者が目指したい方向とそれまでの道筋が伝わります。ビジョンや戦略、目標への到達手段の検討の際に役立ちます。

あなたも図解で思考の本質を捉え、相手に正しく伝わるコミュニケーションを取りましょう。

# 第4章

武器になる「数字」の活かし方②

# 商品・サービスの認知度を上げる

## 「一点突破」が勝利のカギ

以前は、とりあえず多額の予算をかけてPRすれば何かしらの反応を得られました。しかし、第2章でお話しした通り、マーケティングは日々変わってきています。今は少ない予算で、買ってくれる人だけにいかに「一点突破」で商品やサービスを届けていくかを考える必要があるのです。

ここで言う一点突破とは、**お店の商品やサービスの中で、売れ筋のものをさらに売っていくためにどういった施策を打つか**ということです。商品Aが売上の6割を占めているとしたら、この商品Aをとことん尖らせる（＝売上を伸ばす）ことが大切なのです。

コンセプトが平易な店ならば、わざわざ行ってみたいとは思いませんよね。そこで例えば、デスクワークが多い方専用の施術を展開している整体院があれば、会社員に刺さるでしょう。こうした「自分のためにある」と思えるコンセプトやサービスを提供するお店があれば、お客様は行ってみたいと感じるのです。

では、一点突破し、お客様に選ばれるためには、どのような戦略を練ればいいでしょうか。

# 「買う人」だけに認知対象を絞る

一点突破がうまくいくかどうかは、**いかに自分たちのターゲットにピンポイントで突き刺していくか**というところにかかっています。

マスメディアを使った広告の難しいところは、プラットフォームごとに制限があることです。テレビCMなら決まった秒数に、雑誌広告なら決まったスペースや文字数に、伝えたい内容を詰め込まなくてはなりません。制限があるということは、言葉や見せ方を端的な表現で、誰もが分かるよう工夫しなくてはなりません。大衆に伝わる、平易な表現を選ばざるを得ません。

しかしながら、**センスある尖った商品は大衆向けの表現では伝わりにくい**ものです。誰にでも伝わる表現をしようとすると“平均的な”商品になってしまい、他に埋もれてしまう可能性もあります。

そこでSNSの出番です。SNSならば、投稿頻度や投稿方法を自分で決めることができます。一日に何件投稿してもいいですし、動画・画像・文字といった表現方法も自由です。

昔は「リーチ数が多ければ売れる」という方程式だったのが、今では「**リーチ数が少なくても、熱量が高い人たちに届**

**けば売れる**」という考え方に変わってきています。

商品を買わない見込み客1万人にリーチするより、コアなファン100人がリーチしてくれるほうが、効率よく購買行動につなげることができるのです。

## プッシュ型のSNS・LINEを活用する

では、熱量が高い「買ってくれる人」たちに届けるには、どのような手段が必要なのでしょうか。

皆さんは、「プッシュ型（マーケティング）」と「プル型」という言葉を聞いたことがありますか？

**プッシュ型は、企業側から見込み客に商品やサービスを購入してくれるように直接アプローチしていく方法**で、メールマガジン（メルマガ）が代表格と言われています。企業のタイミングでお客様にプロモーションメッセージを送ることができるので、企業が能動的に営業活動をしやすい状況を作れます。

一方**プル型は、見込み客側から企業へ接触するのを待つ方法**です。潜在的なお客様が自ら情報を求めてくるため、投稿がリーチすれば、顧客になってくれる可能性が高い人々が集まりやすいという利点があります。

しかし、そもそもお客様が投稿を見てくれるかどうかは定かではありません。いくら自分がいいコンテンツを発信しても検索されなかったり、タイミングが合わなかったり[※12]して、情報を届けられないことも多いのです。プル型で集客できるかどうかはお客様次第。企業は受け身の姿勢になります。

つまり、**熱量が高い人に情報を届けるには、「プッシュ型」でアプローチする**ほうが、効率がいいのです。

**【図36】 プッシュ型とプル型のSNS**

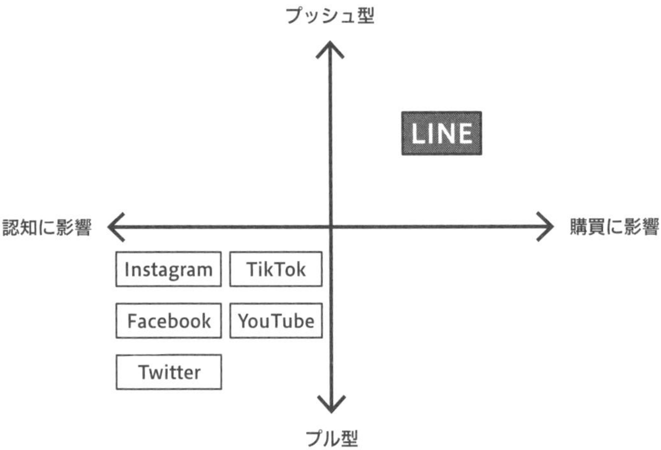


ユーザーの多い主なSNSの中で、**プッシュ型のツールは「LINE」だけ**です。

LINEは利用者数9500万人のうち、1日に1回以上利用するユーザーが86%と高い利用率を誇ります。トーク機能を使えばユーザーに対し、双方向でコミュニケーションが取れる——企業からお客様に、お客様から企業に直接メッセージを送ることができる

※12 タイムライン形式（原則、時系列順に投稿が表示される機能）のため

──ので、ローカル企業と相性がいいツールなのです。

## プル型SNSからLINEにつなげて集客する

マーケティングに使えるSNSツールはいくつもあります。ただし、**一つのSNSだけで完結させるというよりは、複数のSNSのいいところを活かして利用し、最終的にオフラインでのコミュニケーションにつなげていく**ことが集客のポイントです。

認知に影響力のあるプル型のSNSは、Instagram、YouTube、TikTokなどがあげられます。投稿が話題になれば、集客や購買につながります。

そこで、集客を考えるときは、プル型のSNSで認知を取り、購買力の高いLINEでつながる導線を引きましょう。プッシュ型とプル型の利点を活用してお客様に合った発信をすることで、一人ひとりに刺さる内容を届けられます。最終的に来店してもらえれば、売上に貢献できるでしょう。

次のページから紹介する整体院では、LINEを活用した施策を講じ150万円の売上を達成しました。具体的にどのような分析をし、施策を行ったのか見ていきましょう。

# STEP 1 数字を分析する

前置きが長くなってしまいましたが、本章では、宮崎県都城市にある整体院を取り上げていきます。都城市の人口は約16万人で、この規模はローカルの市町村の中でも小さいほうであると言えます。

この整体院は開業して6年目。集客に関してはコンセプトが尖っているために、広告やSNSなどを活用しなくても口コミでうまく回っていました。

収入の柱は、主に施術と物販の2つ。整体院のコンセプトが「足から見直す整体」ということもあり、物販は5本指靴下やプロテイン、ファスティングセットなどを販売しています。商品自体は店内に常時置いてある状態でしたが、積極的に販売しているわけではなく、気に留めてくれそうな患者さんに、施術の際にすすめてみる、という程度です。

地元で人気の予約が取れない整体院ですが、本業の施術に時間を割ける体制を整えるため、私がマーケティング担当として関わらせていただくことになりました。業務を改善するためのペーパーレス化やオンライン化、売上の多様化などのアドバイスをしています。

## 一番選ばれている商品は何か

それでは、実際の数字を見て分析していきましょう。

商品軸は大きく分けて施術と店販の2軸です。まず、施術の中で一番選ばれているサービスは何なのか調べます。

【図37】は、2021年の1年間の売上の構成比率のデータを入力したものです。

【図37】整体院の売上構成比(全体)

| 商品名 | 総売上(円) | 構成比(%) |
| --- | --- | --- |
| 整体 | 16,532,584 | 54.6 |
| 体幹リセット | 5,005,600 | 16.5 |
| ファスティング | 3,054,139 | 10.1 |
| 整体+トレーニング | 1,560,000 | 5.2 |
| 骨盤矯正 | 1,080,000 | 3.6 |
| 整体(学生) | 532,000 | 1.8 |

※2021/1/1～12/31

## 「整体」は売れるが、売上のプラスにはならない

お店全体の売上の約55％が、ベーシックな施術である1時間4800円の「整体」です。

「整体」が選ばれることの懸念点があります。1つは**単価が安い**こと。そしてもう1つは、**お客様がトレーニングの重要性に気づいていない**ということです。

お客様の立場に立ってみると、「整体」は金額が一番安いうえ、50分間横になっているだけで施術が終わります。しかし、他のコースは施術30分・トレーニング20分の構成のため、どうしてもお客様の選択肢から外されてしまうのです。

スタッフとしては、より整体の効果を感じてもらうためには、施術されるだけでなく患者自身にも動いてほしいという思いがありました。体は不思議なもので、いくら外から圧をかけたり調整したりしても元に戻りやすいのです。施術に加えてトレーニングをすると、それに合わせて体も変化しようとしてくれます。

また売上に関しても、同じ来店人数ならば、トレーニングをするコースのほうが顧客単価は上がります。売上も増えるので、「整体」以外のコースをおすすめしたい気持ちは分かります。

経営者から、「**売上を伸ばしたいと考えているものの、労働量は増やしたくない**」という希望がありました。なぜなら、「整体」の人気が上がり、予約を取りにくい状況が続いていた

からです。この状況で新規のお客様を呼び込んでも、手が回らなくなってしまいますし、「整体」の施術数が増えれば、スタッフも疲弊してしまいます。そのため、新規の集客は優先順位が低い状態でした。

ここで、売上の半数以上を占める「整体」の売上をさらに伸ばす施策を講じるのは、この**整体院の業務改善にはつながらない**と判断できます。

## 業務改善につながる商品は何か

前のページでお話しした懸念点・状況だけでなく、「整体」に注力して売るにはリスクが伴います。対面で施術する商品が中心の店舗は、天候や感染症といった**「外的要因」で売上が大きく左右される**からです。それでは、物理的に人に会わなくても売上を作れる方法はあるでしょうか？

そこで白羽の矢が立ったのが店販です。店販でしたら、何もしなくても売上が立つので、経営者もスタッフも工数をかける必要がありません。

### 店販の売れ筋商品を分析する

店販の中でもどのような商品を売ればよいか模索してみると、過去に受注率が高い売れ筋商品の存在に気がつきました。

売上構成比を見ると、店販で最も売れているのはファスティングセット（3日間）でした。これは**商品の中でも一番単価が高く（1セット2万8000円）、データベース上でも一番売れて**

います（図38）。見るべきはこの数字です。

**【図38】　整体院の売上構成比（店販）**

| 商品名 | 総売上 | 構成比 |
|---|---|---|
| ファスティングセット（3日間） | 2,060,863 | 52.0 |
| ファスティング専用　水2L | 577,044 | 14.6 |
| 酵素飲料 | 416,232 | 10.5 |
| マッサージオイル | 207,075 | 5.2 |
| プロテインA | 205,623 | 5.1 |
| プロテインB | 163,296 | 4.1 |
| ダイエットサプリメント | 118,368 | 3.0 |
| ファスティングアシスト食 | 110,978 | 2.8 |
| プロテインC | 105,600 | 2.7 |

※2021/1/1～12/31

このファスティングセットは、院内に常に置いてある商品です。スタッフが提案しなくても、待ち時間などに「ファスティングってこういうものなんだな」と目に留めてくださる方も稀にいらっしゃいました。しかしながら、初めて来院された人に商品の話をすると、どうしても“営業感”が強くなってしまいます。

そのため、気軽に提案できるような、付き合いが長いお客様だけにファスティングをすすめていたようです。お客様全員に提案していないので、「興味があるかもしれないお客様」をどうしても取りこぼしてしまっていました。

## ファスティングセットが売れていた理由

ファスティングセットの売上が高かった理由は、**経営者やスタッフの提案がうまかったから**だとヒアリングから判明しました。

ただ、提案して購入につながるということは、お客様にニーズがあったということです。施術中に「整体は外からのアプローチですので、内側からのアプローチとしてファスティングがいいですよ」と話し、共感したお客様から自然と需要が高まったのでしょう。

STEP 2

# 仮説を立てる

【STEP 1】で、ファスティングセットに着目しましたが、売上をアップするための仮説を立ててみます。

とはいえ、新規集客数を増やす・来店頻度を上げる・施術による顧客単価を上げることについては、【STEP 1】でハードルが高いことが分かっています。

**【図39】 マインドマップ**

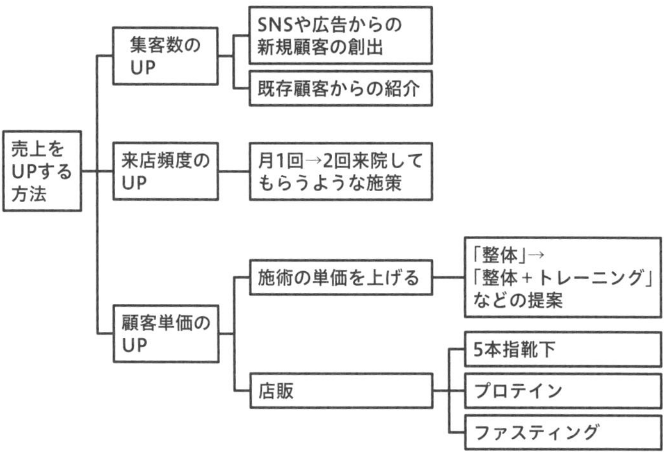


具体的に仮説を立てる前に、実現の可能性を考慮します。

**実現の可能性の考慮**

**①集客数**

- SNSや既存のお客様から新規を獲得するのは
  時間とお金がかかる
- テストしてみないと結果が分からない

**②来店頻度**

- お客様によって適正な来院ペースがあるから難しい

**③顧客単価**

- 来院属性から30代以上の女性が半数以上。
  「美容」のニーズがあるのでは？
- ファスティングなら売れてもスタッフの工数がかからない

以上のことから、経営者の課題——売上を伸ばしたいが、労働量は増やしたくない——を解決する可能性の高い施策は、ファスティングセットの販売数を伸ばすことだと考えました。お客様には体を内側からも整えられるので喜ばれるため、両者にメリットが多いと言えます。

ファスティングセットを売るためには、一部のお客様にしか伝わっていない現状を打破しなければいけません。ファスティングセットを今まで購入していない層にアプローチするため、先ほどのマインドマップ（図39）をさらに深掘りした、お客様に知ってもらうための仮説を立てましょう。

ファスティングセットを売る手段として、アナログの手法にもデジタルの手法にもデメリットはあります。

**【図40】 ファスティングを売るためのマインドマップ**

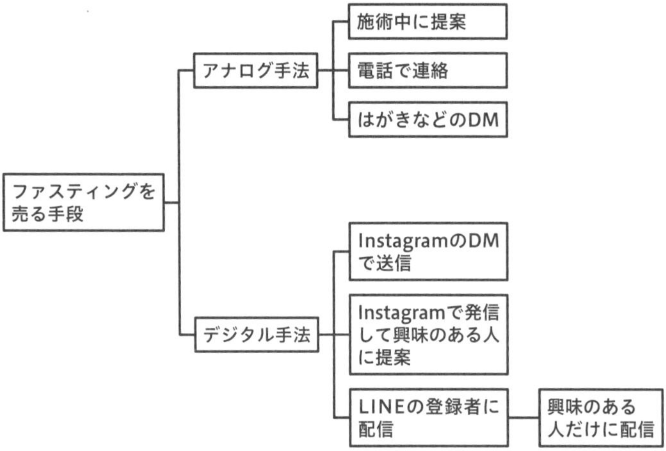


### アナログのデメリット

- あくまでもヒアリングしたうえでの提案でなければ、営業感が強くなる
- 工数がかかる上に費用対効果の算出が難しい
- そこに時間をかけるほどスタッフに余裕がない

### デジタルのデメリット

- 発信したとしてもInstagramはプル型のメディア。フォロワー全員に届けることは難しい
- 毎日宣伝を発信するのはノイズになる

これらのデメリットを考慮し、仮説を立てていきます。

### 仮説① 全員のお客様に直接提案する

数は少ないとはいえ、アナログな方法で提案したところ、2021年の1年間で73名のお客様に3日間プログラムのファスティングセットは売れていました。

そこで、1週間プログラムのファスティングセットを、今まで声をかけていなかったお客様にも提案すれば、商品の認知度は上がり、購入者も増えそうです。とはいえ、施術中にお客様全員にアプローチするのは、スタッフの負担が大きいと懸念されます……。

### 仮説② お客様全員にDMを送る

お客様全員にアプローチする方法として、顧客情報を利用してDM（ダイレクトメール）を送るのはいかがでしょうか。提案するよりは、スタッフの負担を減らせそうですが、デザインや印刷に経費がかかってしまいます。そのうえ、お客様が購入してくれるかは未知数です。

### 仮説③ SNSで発信する

デジタルな方法を使えば、時間も経費もかからずに宣伝できるという仮説が成り立ちます。

新規のお客様の認知を取ることが目的であれば、プル型のSNS（Instagramなど）で、毎日投稿していくのもいいかもしれません。しかしながら、今回は「既存客にファスティングセットを売る」ことが目的。それならばプッシュ型のSNS

(LINE)で発信するのがよさそうです。

### 仮説④ LINEの登録者全員にメッセージを送る

LINEで登録者全員にメッセージを送れば、興味を持ってくれる人は増えそうです。しかし、新たな問題点が浮上します。LINEは、1カ月で配信できるメッセージの数が決まっていることです。さらに、興味のない人にとって宣伝は「ノイズ」だと感じ、ブロックにつながる可能性があります。

### 仮説⑤ 特定の人にだけメッセージを送る

そこで、全員ではなく**「興味を持ってくれそうなお客様だけ」にメッセージを送る**のが、最も効率がよさそうだと仮説を立てられます。興味のある人にだけ配信することで、配信数をおさえられるだけでなく、ブロック率の低下も期待できるのです。

## 商品を売るターゲットを絞る

この整体院では、すでにLINE公式アカウントを設置していました。そこで、**Lステップの「ステップ配信機能」を使って、ファスティングについて“教育”[※13]（お客様が「その商品を購入したい！」と思わせること）すればいいのではないか**、という結論に至ったのです。

ここまで読んでくださった皆さんなら、「POSから顧客情

※13　マーケティングの基本的な考え方。商品やサービスを売りたいときは、「集客→教育→販売」の流れがセオリーとされている

報を集めればいい」と分かりますよね。しかし、この整体院では、顧客情報をPOSに入れていませんでした。そこで、ファスティングセットを購入してくれた過去40名分のアンケート結果——性別・年代・名前・商品を知ったきっかけなどの顧客情報——を分析しました。そこから分かった購入者の傾向は、次の通りです。

- 30～40代女性が多い
- 物理的にトレーニングができない／苦手な女性
- 時間を作ることが難しい主婦
- 会食が多く、暴飲暴食が続いてしまう男性

ここから、施策を取る際のターゲットを設定します。

どの層をターゲットに絞ってアプローチするのかによって取るべき戦略は変わってきます。そこで、今回は「日々忙しくて、トレーニングができない女性に向けてやっていきましょう」と決めました。

### 仮説⑥ まだ買っていない客層にアプローチする

ちなみに、マーケティングの概念には、「いくつか商品がある中で、一番売れている商品が、まだ買っていただいていないお客様にも刺さる商品なのかどうか、改めてテストする」という考え方があります。

単価の低い商品ならば今回も有効そうですが、約4万円の高単価商品のため、この方法を取るのはリスクがあります。

## STEP 3 収益化する方法を考える

ここでお話しする収益化の方法は、**どれだけ人口の少ないローカルでも、労力をかけずに売上を作ることができる方法**です。オンラインの販売などにも活用できるので、売上に限界を感じている店舗の経営に携わる方は、参考になさってください。

### 整体院が150万円売り上げたロードマップ

それでは、整体院が実際にファスティングセットで売上を伸ばしたLステップの活用法をご紹介します。

**売上を伸ばす方法**

①Lステップを導入する
②既存客にLINEを追加してもらう
③購入者の属性を理解する
④ゴールと配信テーマを設定する
⑤「クリエイティブ」の作成
⑥Lステップに実装する
⑦反応を取る
⑧販売する

## 売上を伸ばす方法① Lステップを導入する

「Lステップ」〔運営：(株) Manegl〕をご存じない方も多いと思いますので、ここで簡単に解説をしておきます。

Lステップと LINE 公式アカウントは別のものです。LINE公式アカウントを開設していないと、Lステップを利用できないため注意が必要です。まず、LINE 公式アカウント（無料プラン）でできることのうち、ローカルで役立つ機能は次の通りです。

**LINE 公式アカウントでできること（無料プラン・一部）**

- あいさつメッセージ配信
  ：登録時などにメッセージを自動送信
- メッセージ配信[※14]：画像やテキストなどを友だちへ配信
  ・セグメント配信：友だちを絞り込んだ配信
  ・タグ付け配信：設定したタグ付きの友だちにのみ配信
- リッチメニュー：顧客の能動的な行動を促すメニュー画面
- LINE VOOM[※15]：タイムラインへ無制限に投稿可能
- リサーチ：友だちへのアンケートやアカウントを分析

LINE 公式アカウントにはビジネスに役立つ機能が搭載されており、1クリックで簡単に登録が完了します。**日常的に連絡用として使っているLINEとほぼ同じ仕様で、お客様にとっても登録の障壁が低く、今ビジネスをするにあたっては非常に重要な役割を果たしてくれるツール**です。

※14　1カ月最大200通まで（友だち数が100人の場合、1人あたり月2通送信できる）。あいさつメッセージは1通としてカウントされない

※15　ショート動画などが楽しめる動画プラットフォーム

ただし、お客様からメッセージやスタンプをもらわないと返信できなかったり、個別に送る設定にしてしまうと一斉配信ができなかったりするなど、不便な側面もあります。

無料プランでは制限も多いので、登録してくれたお客様の数が増えたら有料プランへの加入を検討してください。

LINE公式アカウントでの機能の不足を解消してくれるためのツールがLステップです。LINE公式アカウントでできることに加え、次のことができるようになります。

**Lステップでできること(一部)**

- ステップ配信：設定順にメッセージを配信
- 顧客管理：統計情報や登録後の行動を把握
- チャットボット応答：問い合わせへの対応を自動化
- 回答フォーム：回答内容は顧客情報へ反映
- セグメントリッチメニュー
  ：友だちごとに異なるリッチメニューを設置
- 流入経路分析
  ：どの媒体経由で友だち登録してくれたのか分析

**【店舗DX】整体のLINE活用完全ガイド**
**https://youtu.be/8lTPaPSN-a4**

**Lステップは非常に有用な機能が多く、カスタマイズ性も高いツール**です。本書ではかなり機能を絞って、ローカルビジネスの実務に使いやすい部分だけをご紹介しています。Lステップできることをさらに知りたい方は、動画をチェックしてください。

## 売上を伸ばす方法② 既存客にLINEを追加してもらう

LINE公式アカウントを持っているお店としては、新しいサービスの告知などをLINEで提案したいと考えるはずです。しかし、たいていのお客様は「LINEに登録してしまったら、メッセージで営業されるのではないか」と、煩わしく思うものです。ここで大事なのは、**お客様にLINEを登録するメリットを伝えてあげる**ということです。

例えば、Lステップを使って、LINEで予約が取れるよう設定できます。すると、今まで電話で予約していたお客様や、InstagramなどのDMから連絡していたお客様に、「手間が省ける！」とメリットを感じてもらえるでしょう。

予約機能は、お店側にもメリットが大きいです。LINEの登録情報を顧客情報として管理できるだけでなく、予約前日にリマインドのメッセージを送ることで、当日キャンセルの数を大幅に減らせます。

このように、お店側のメリットではなく、お客様にもメリットを提示しながら、LINE登録を促すようにしましょう。

LINE登録についてのベンチマーク[※16]をお伝えしておくと、既存顧客の7割ほどがLINEに登録してくだされば、十分であると捉えてください。

### 売上を伸ばす方法③ 購入者の属性を理解する

過去の経験からどういう属性の人たちが、同様のサービスを買ってくれたのかを理解しましょう。第2章で太客を分析したときと同じように、性別、年齢などはもちろんですが、**買ってくださった背景までしっかりと考えていくことで、似たような方に訴求することができる**からです。

整体院のファスティングセットの場合、ファスティングをやりたい事情はさまざまです。例えば、短期間で痩せたい人の背景は何か。「もうすぐ結婚式を控えている」「健康診断の数値が不安」という人もいるかもしれません。こうした背景を洗い出して理解することが求められるのです。

### 売上を伸ばす方法④ ゴールを設定する

単に、LINEで配信しても、お客様からの反応は得られません。あらかじめゴールを設定しておくことが重要です。ゴールを決めないと、配信するテーマ（内容）も決められません。さらに、ゴールを設定しておけば、施策を改善するときにも、数値ベースで確認することができるようになります。

今回の場合、購入者数をゴールに設定しました。



※16　他社の成功事例を評価・分析して算出した水準のこと

## 売上を伸ばす方法⑤ 「クリエイティブ」の作成

ゴールが決まったら、配信のテーマ（内容）を決めていきます。何日間にわたって配信するのか、各メッセージの詳細（件名や本文）はどうするか、CTA（Call To Action：行動喚起）の設定などの準備をしましょう。

CTAとは、広告やマーケティングコンテンツにおいて、受け手に特定の行動を促すための具体的な指示や呼びかけのことです。例えば、「今すぐ購入する」「無料トライアルに登録する」「詳細を確認する」など、受け手に対して明確なアクションを促すメッセージやボタンがCTAの一部です。CTAを設定することで、効果的なコミュニケーションを実現し、顧客の関与や反応を高められます。

テーマに合わせて、実際に配信するための「クリエイティブ」を作成します。クリエイティブとは、大きく分けて3つのものを指します。

- 文章
- 画像
- 動画

実際に買ってくれた人の属性を理解したら、その人たちに刺さる文章や画像、動画を作り、“自分のこと”だと思ってもらえるようにPRしていきます。

ターゲットに好まれる文章や文字の量、デザインの雰囲気はどうするかといった狙いをクリエイティブという形に落とし込んでいくのです。SNSに投稿する文章の作り方は、165ページで詳しく解説します。

## 売上を伸ばす方法⑥ Lステップに実装する

Lステップには「ステップ配信」機能がありますので、【売上を伸ばす方法⑤】で作成したクリエイティブを、Lステップに実装していきます。

単に「新しいサービスをリリースしました！」と言っても、1回の配信で買ってもらうことは難しいです。1日目は問題提起、2日目はベネフィットを伝える、3日目は……と、教育をしながら**3～5日ほどかけて、そのサービスのよさを訴えていきます**。教育をする際、その商品を買わなかった場合の未来はどうなってしまうのかを想像させるような内容も効果的です。

## 売上を伸ばす方法⑦ 反応を取る

Lステップを使うと、自分たちが配信した内容について、反応をもらうことができます。

例えば、ファスティングを訴求するためのステップ配信をするときに、回答フォーム機能で「興味あり」「興味なし」などとお客様からリアクションをもらえるように設定することが可能です。

そこで、「興味あり」と回答した方に、個別でDMを送ったり、さらなるステップ配信を送ったりと、コミュニケーションを取るようにします。

### 売上を伸ばす方法⑧ 販売する

Lステップ内に決済システムを組み込み、オンライン販売をすることも可能です。しかし、決済までオンラインにこだわる必要はありません。

LINEに登録してくれた人は既存のお客様で、商圏内のお客様。販売するまでの導線はLステップで作り、販売・決済は実店舗で行うなどオフラインも活用すると、手数料や送料が一切かからず、売上を伸ばすことができます。

Lステップやクリエイティブなど、難しく感じる部分もあるかもしれませんが、売上を作るチャンスを逃してしまうのはもったいないことです。今回ご紹介したこのロードマップを参考に、スタッフの負担を増やさずに売上を作っていきましょう。実例は【STEP 4】で紹介します。

## クリエイティブはBDFを意識しよう

【売上を伸ばす方法⑤】でクリエイティブの重要性をお話ししました。**SNSで商品やサービス、新規顧客の集客などを目的として発信するときには、「BDF」という概念が非常に大切です。**BDFとは、B（Belief：信じていること・固定観念）、D（Desire：望んでいること）、F（Feeling：感じていること）です。

私はSNSの投稿には3本の軸があると思っています。

①企画（投稿で訴求する内容・テーマ）
②ライティング（文章）
③デザイン

ライティングやデザインは外注することができますが、企画だけは自社で考えなくてはなりません。企画を考えるときに、このBDFを活かしていきましょう。LINEの配信だけでなく、Instagramのフィード投稿[※17]でもTikTokの動画投稿でも基本的に考え方は同じです。

私たちは「思い込み」にとらわれがちです。そのため、**思い込みを否定する内容を見ると、興味がわきます**。

例えば、今回のファスティングなら、「ファスティング＝キツイ断食ではない！」という投稿タイトルが効果的です。「ファスティングは断食だからやりたくない（B）。食べて痩せられたらうれしい（D・F）」というお客様の気持ちを揺さぶる内容の投稿にすれば、興味・購入につながります。

他にも、「つい甘いものに手が伸びてしまいませんか？」といった**悩みの共感も、お客様の心を揺さぶるキャッチコピーになる**ので、ぜひ使ってみてください。

売りたい商品やサービスを「認知してほしい」と思ったとき、企業側のメリット先行で伝えるのはNG。お客様のメリ

※17　画像や動画（最大10枚まで）に、キャプション（テキスト・2200文字以内）を入力できる投稿。位置情報やハッシュタグを追加することも可能

ットを伝えることを一番に意識してください。

また、自社のサービスのウリや売上を伸ばしたい店販のコンセプトをしっかり作り込んだら、LINEやInstagramなど、さまざまな方法を使って多方向のコミュニケーションを取っていきましょう。

お客様に届かなければ、いくらSNSの投稿を頑張っても意味がないということを常に念頭に置いてください。

## STEP 4 目標を立てる（施策開始）

収益化する方法が決まったので、目標を設定して施策を始めます。

目標を立てる際、経営者から「3日間のファスティングセットが、これまで1カ月で最高25個売れていたから、今回は1週間のセットを30個売りたい」と言われました。これは、目標達成が相当難航しそうなシビアな数値です。

当時のLINEの登録者（友だち）数は368人。30個売るということは、登録者の8％以上が購入してくれる必要があります。1000円、2000円程度の商品なら達成できる目標値ですが、今回売る1週間プログラムのファスティングセットは2万9800円。通常価格（4万2000円）より1万円以上値下げしているとはいえ、LINEを1通送って「即決」してくれるほど安くはない金額です。

私の経験上、この価格帯の商品を買う人は総数の2％程度であると定義しています。この整体院の場合、368人の2％、5～7人にしか売れないと予測しました。

しかし、「どうしても30個販売したい」と懇願され、プロジェクトをスタートさせることになったのです。**ベンチマーク以上の目標値を定めるならば、より一層戦略に力を入れる必要があります。**

今回の目標は、次のように立てました。

- **達成目標**：LINE経由の売上で90万円を達成
- **行動目標**：1週間ファスティングセット（2万9800円）を、1カ月で30個販売する
- **実行項目**：
  - ・売上を達成する期日を設定する
  - ・過去に購入した属性を可視化し、定量的な側面を抽出する
  - ・抽出したデータをもとに経営者から定性的な側面をヒアリングする
  - ・今回の配信のターゲットを明確にし、言語化する
  - ・販売導線を決定する
  - ・興味ある人に対して施術中に提案することを連絡する
  - ・Lステップで配信するテーマとゴールを決める
  - ・配信する日数とCTAを決める
  - ・数値を分析しながら改善していく

30個売っていくためには、【売上を伸ばす方法⑤】で考えた「クリエイティブ」、つまり商品の魅力を伝える文章や動画などの内容を充実させる必要があります。ここで手を抜いてしまうと、丁寧にステップ配信をしても結果につながりません。

## ステップ配信の実例

マーケティング界隈では、「**人は基本的に見ない・信じない・行動しない**」と言われています。自社のサービスがいかによかったとしても、顧客になり得る方も既存のお客様も含め、基本的に思うように動いてくれることはありません。そんな中、このファスティングは、目標をはるかに上回る数を販売することができました。

では、Lステップのステップ配信機能を使ってどのような内容を配信したのか、どういった意図を持って行ったのか。実際に配信したメッセージや画像と合わせて解説します。

## 1日目

人は見ない、信じないという性質があると言いましたが、**ほしい情報に関しては敏感**です。ファスティングなら、実際にどれだけ体重が減るのかといったリアルな数字を掲載することが最も効果的だと考えました。そこで、**1日目は、スタッフが実際にファスティングに挑戦した結果を配信**しました。

**【図41】**

スタッフが
ファスティングに挑戦！
驚きの結果が！！

こんばんは、
整体院リバイヴの[redacted]です。

---

1週間で-4.5kg❗

---

今回、[redacted]トレーナーが
ファスティングに挑戦！

結果は・・・
1週間で-4.5kg❗

さらに、こんな効果も！

「体重が落ちた」
「目覚めが良くなった」
「肌の質が良くなった」

[redacted]トレーナーの感想を
こちらで公開しています
▼▼▼
~~https://line.me/R/home/public/post?id=683dbxch&postId=11655569 00106171225~~

そして、もっと具体的な感想をLINE VOOMに投稿し、誰でも見ることができるようにしました。感想の動画は約3分。カジュアルに負担なく見ることができる長さにまとめ、そこで興味を引くように仕向けます。

興味のあるお客様を把握したいので、リンクにタグを設置して誰がクリックしたのか計測しました。

## 2日目

**2日目の配信は、盛り上がりの演出をしています**。「昨日から申し込みが殺到しています」という書き出しで盛り上げることで、人の心理が動きます。

実は初日の配信の後、「ファスティングに興味があります」という声を数名からいただき、早速購入されました。この声をその日のうちに加工してまとめ、翌日に配信したのです。

**【図42】**

昨日から申し込みが殺到しました！

実は昨日の配信で、興味ある人
だけに先行でキャンペーンを
お伝えしてました

5名位を想定してましたが、
結果的に10名以上の方が
ファスティングを行う
ことになりました！！

ファスティングは、
「断食」の意味ですが、
本来の目的は胃を休めることです。

現代は運動不足も相まって、
普段の毎日の食事の積み重ねで
体調を崩したり、
体重増加してる方が
増えてます。

思い切って、一度体の中を
リセットしてみませんか？
驚きの効果を実感できますよ

詳しくはこちら！
▼ ▼ ▼
https://bit.ly/39C2Hps

ファスティングに興味がなかったとしても、スタッフが4.5kg痩せたという事実と、買っている人がたくさんいるという事実が相まって、「ファスティングってなんだろう？」「見てみようかな」と思うようになります。興味を増幅させるために、しっかりとファスティングの概要を配信します。

ファスティングは、「食べないだけでしょ」「断食すればいいんでしょ」といった具合に、定義の認識がずれてしまっていることが多いです。そこで、「ファスティングの目的は胃を休ませることだ」と、体へのメリットを伝えます。

【図43】

さらに、「詳しくはこちら」から、URLをタップすると、さらに詳しく解説した記事を読むことができます。画像や色を工夫して、よりファスティングの理解が進むよう作り込んでいきます。そして、これを見た後に行動を起こしてもらいたいので、ページの最後に、ファスティングに「興味がある」「興味がない」「受けたい」と意思表示をしていただくアンケートを設けています。

## 3日目

**3日目は、効果を証明する配信です。**

実際にファスティングに興味がある方は、「体重が落ちればいいや」と思っている場合がほとんど。体重が減ること以外のメリットをご存じの方は少ないと思います。配信でファスティングのうれしい効果をお伝えし、お客様の期待を超えていく演出をしています。

最後に「実はその秘密は…【酵素】にあるんです！」と書くことで、続く記事（リンク先）を読みたくなる工夫をしています。酵素の効果を訴求することで、「この酵素ドリンクを使ったファスティングは効果がありそうだ」と感じてもらえたら成功です。

**【図44】**

ファスティングの効果が
絶大すぎる件

ファスティングで
期待できる14のメリット

1.体脂肪の減少
2.溜まった毒素の排出
3.肌がきれいに

13.寝つきがよくなり、
睡眠不足も解消
14.冷え性の改善

ざっと効果を並べただけでも、
これだけの効果があるんです

実はその秘密は・・・
【酵素】にあるんです！

詳しくはこちら！
▼▼▼
https://bit.ly/3zMR2yw

## 4日目

**4日目は、気になる質問の先読みをします**。1日目の動画や2～3日目の記事を見てくれたお客様が疑問に思うであろう、想定される質問に答えていきます。

例えば、スタッフが1週間で4.5kg痩せた事実に対し、「実際に何をするのか？」と疑問を抱きそうですよね。そこで、1週間の流れをお伝えし、記事に誘導します。

記事には、ファスティングの3ステップが詳しく書かれています。これを読むことで、「あのスタッフはこうして痩せたのか」と分かり、「この方法なら頑張れそうだな」という気持ちになっていただくのです。

**【図45】**

ファスティングの期間は!?

当院で提供している
ファスティングプログラムでは、
[redacted]社の
ファスティングセットを
使用します！

◈準備期(2日間)
◈ファスティング期(3日間)
◈復食期(4日間)

この3段階で、
疲れ切った内臓を
回復させていきます！

詳しくはこちら！
▼ ▼ ▼
https://bit.ly/3NhDajf

## 5日目

**5日目は、お客様の声で共感を得ていきます。**

痩せた事実があっても、「トレーナーの人は体に精通しているから、痩せるのが簡単だったのでは？」という疑念を抱く方もいるでしょう。

共感を得るには、実際の「お客様の声」が役立ちます。そこで、過去にファスティングセットを購入したお客様の声（アンケート結果）を記事に掲載しました。

QRコードから記事をご覧いただくと分かるように、すべて異なる属性の口コミを配信しています。40代男性、30代女性など、「同じような体型や同世代の人ができたのなら、自分にもできそうだ。やってみよう」という気になるわけです。

**【図46】**

満足度97%超え？

当院のファスティング
プログラムを
実際に体験した
お客様の声が届きました！

✔本当に効果ある？
✔自分にもできる？
✔体調は悪くならない？

こんな疑問を解消してくれます
ぜひご覧くださいね

詳しくはこちらから
▼　▼　▼
https://bit.ly/3Om8BJZ

## 6日目

**6日目は、選ばれている理由を配信します**。「ファスティングと商品のよさも分かった。なぜこの整体院から買うのがいいのか知りたい！」というのがお客様の心理です。ただファスティングを始めたいと思ったら、セットをネットショップなどで購入することも可能ですよね。店舗で購入されなければ利益にならないので、「この店で買うべき理由」を理解してもらう必要があります。

実はファスティングは、整体とトレーニングも同時に実践して体を整えることで効果が期待できます。家も土台が崩れていれば、いかに上物の家をきれいに作ろうと思ってもゆがんでしまうもの。人間も同じで、まずは足から整え、トレーニングも並行して行う必要があるのです。

動画でファスティングの利点やどのような方に始めてほしいかといったことを院長に話してもらい、「迷っている人へのプッシュ」を行います。

**【図47】**

当院のファスティングは
何故こんなに結果がでるのか？

---

当院のファスティングで
効果がでる理由は…
整体とトレーニングと
ファスティングを、
同時に実践するからです❕

✅足から体の骨格を整える
✅自律神経を整える
正しい努力を
継続する必要があります。

私たちが全力でサポートし、
必ず結果に導きます💪

[redacted]がファスティングに
挑戦しました！

動画を観る❕
▼　▼　▼
~~https://line.me/R/home/public/post?id=683dbxch&postId=1165557068586219885~~

## 7日目

**7日目（最終日）は、「限定」で訴求します**。下の画像のように、「4万2000円の商品を、LINE登録者限定で2万9800円で販売します」という形で訴求します。すると、「今買わなければ！」と購入につながります。さらにここでは希少性を出すために「先着10名」と条件もつけました。

**【図48】**

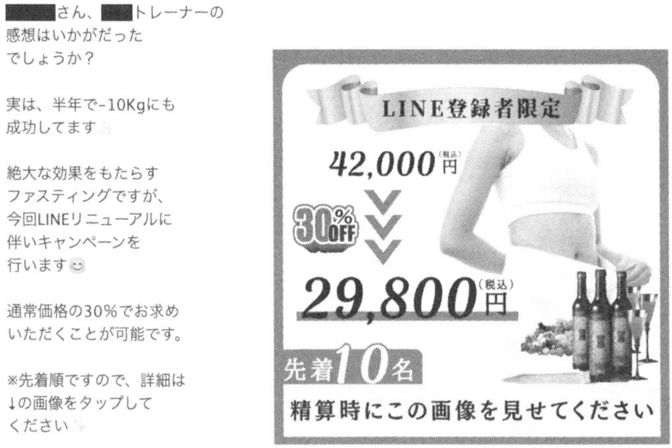

[redacted]さん、[redacted]トレーナーの
感想はいかがだった
でしょうか？
実は、半年で-10Kgにも
成功してます
絶大な効果をもたらす
ファスティングですが、
今回LINEリニューアルに
伴いキャンペーンを
行います
通常価格の30%でお求め
いただくことが可能です。
※先着順ですので、詳細は
↓の画像をタップして
ください
LINE登録者限定
42,000円（税込）
30%OFF
29,800円（税込）
先着10名
精算時にこの画像を見せてください


実際に行ったステップ配信は以上です。人の性質を知ったうえで、そのすべてをカバーするように組み立てれば、ステップ配信で伝えるべき内容の精度が上がります。このように訴求した結果、どうなったのか見ていきましょう。

## STEP 5 目標達成率を分析する

今回のファスティングの販売において、目標達成率として見ていたベンチマークは「お客様の反応」でした。

ステップ配信を何名のお客様が見てくれたら、購買につながりそうか——そこで、**10%以上のお客様に配信を見ていただくこと**を指標としました。

Lステップでは、メッセージの開封率や反応率を計測可能です。一般的に開封率は、60%が目安とされています。今回は開封率ではなく反応率が大事なので、すべての配信に施策をしました。具体的には、誰がURLや画像をタップしたのかを計測するといった形です。これにより反応率を可視化することができます。

反応率が10%以下だった場合、文章や動画といったクリエイティブ面がターゲットに刺さらなかったということ。10%以上の反応を得られ、「興味がある」と言う人が多かったにもかかわらず売れなかった場合は、営業力がなかったと分析できます。

「いまいちお客様に届いていないかも……」と、施策がうまくいっていないと感じたときは、数字を出してその都度改善しましょう。もし目標を達成できなくても、しっかりと分析すれば次回に活かせます。クリエイティブを頑張るのか、営業を頑張るのか、次は何を頑張ればいいのかを明確化しておきましょう。

## 施策の成果

今回のファスティングセットの販売結果は大成功！　**目標の30個に対し50個売れ、1週間の施策で約150万円の売上になりました**。目標達成率は166％です。

この施策を始める前まで、整体院の大半のお客様は「整体院＝施術を受けるだけの場所」だと思っていたようです。今回、ファスティングセットを売り出したことで、実はプロテインなどの商品も店頭で購入できると気がついてくださいました。店舗側は「ずっとお店に置いているのに、お客様は認知しているが興味がないから買わない」と思っていましたが、お客様はそもそも商品の存在さえ知らなかったのです。

このことから、まだまだ店販は伸ばせそうだと可能性を感じました。

## 「達成率100%」をさらに伸ばしていくには？

今回はたまたま大幅な目標達成となりましたが、もし目標は一応達成したけれど、達成率が100％にとどまった場合、どういったところを磨いていく必要があるのでしょうか？　目標は達成しているので、施策は失敗ではありませんが、この達成率を継続・成長させるためにも分析が必要です。

**達成率100%の場合**、うまくいかなかった部分を反省して改善していくより、**「買ってくださった人たちの定量・定性面」を確認していくことが求められます**。

「購入者の多くは女性だった」という結果が出たならば、何歳の女性で、なぜ買ってくれたのかなどを分析します。そうすることによって、新しいサービスや企画をより精度高く当てられるようになってきます。

目標を達成できたということは、経営者がターゲットにしたかった属性に対して、文章やデザインがマッチしていたということ。**今回考えたクリエイティブのコンセプトが刺さったということは、次に同じような属性の人を呼び込む際にも似たようなコンセプトにすれば成功するということ**です。新規顧客の集客やイベント、キャンペーンなどのSNS運用にも転用できるので、スムーズに施策を開始できるでしょう。

整体院の代表と本施策についての対談をしました。経営者の生の声はこちらからご視聴ください。

**【支援先実績】田舎の整体院で売上150万UPさせたLINE戦略特別公開**
**https://youtu.be/h8PFny4cMQM**

# アンケートの重要性

アンケート調査は顧客の意見を直接聞く方法として、昔から用いられてきた初歩のマーケティング手法です。プロモーションを打とうとしても、「お客様が何を求めているのか」が分からないと外してしまうことがあるので、売上や顧客満足度を上げるためにも避けて通れない工程です。

実際にあなたのお店でアンケートを取るとなったら、どのように意見を集めますか？

店舗でアンケート用紙に記入してもらう方式が多いと思いますが、お客様からすると、時間がない中、そしてお店のスタッフが見ている中で**忌憚（きたん）のない意見を書くのはハードルが高い**ものなのです。うまく言語化できなかったり、思いつかなかったり、本音を書けなかったりして、こちらが求める回答をいただけないことも多々あります。

そのため、スマホなどで手軽に好きなタイミングで答えられ、話し言葉でもOKなアンケートならば、心理的障壁がない形で回答することができます。

**理想のアンケートをかなえられるのがLINE**です。Lステップを使えばかなり自由度の高いアンケートをLINE上に構築でき、ビジネスに必要なお客様の“生の声”を集められます。

また、アンケート結果は顧客データと紐づけられるので、今後の分析にも役立てることができます。

さらに、紙ベースのアンケートよりも答える労力が少ないので、意見を早く集められることも期待できます。

## アンケートの対象は「購入者」に絞る

**アンケートは、実際にサービスを買ってくれた人に対して行うとより効果的です**。例えば、次回の販促活動につなげるために、ファスティングセットの購入者にアンケートを取るとします。このときの王道の質問は、

- なぜ買ったのか
- どこで知ったのか
- 実際に体感してみてどうだったのか

という3つです。さらに「ファスティング以外の手段で何か検討した商材はあるか」も聞き出せれば、直接的競合と間接的競合も知ることができます。

**アンケートを取る際の間違った方法は、買わなかった人に「どうして買わなかったんですか？」と聞いてしまうこと**です。買わなかった理由を聞いても、本音は言わないですし、その意見を活かせるかどうかも分からないので、時間の無駄です。そのため、アンケートは基本的に購入者のみでOK。ほしい情報が得られたら、自社の強みが尖っていくというのが私の

考えです。

## 新たな施策のためのアンケートを取るには？

施策の振り返りだけでなく、**アンケートによってお客様は何に興味があるのかを知ることで、次の商品開発やキャンペーンなどの足掛かりとなります。**

アンケートを実施する機会を作るためには、何かのついでが一番自然です。例えば、整体院なら「問診票」の中にアンケートの要素を盛り込みます。施術に必要な問診票は全員に必ず書いていただくので、その“ついで”に質問をします（前半は問診票として、名前や生年月日、整体院に来院した理由などをたずねます）。

**問診票に追加する質問例**

【質問】興味のあるものはありますか。

【選択肢】

□ダイエット

□小顔

□美しい姿勢

□その他（　　　　　　　　　　）

仮に「ダイエット」が多く、「小顔」の票数がゼロであるにもかかわらず、小顔矯正コースを作っても需要がないので失敗するのは目に見えています。

こうしたお客様の真の要望は、アンケートを取ってみなければ知り得ない情報です。顧客管理としてデータを取ったことでお客様の情報が集まり、次の施策が打ちやすくなります。

この整体院も、紙ベースのアンケートは取っていましたが、それをうまく活用できていませんでした。LINEでのアンケートにより、お客様の要望が可視化されたのです。これが大枠で戦略を決める一つの指標となります。

どこにお客様の需要があるのか、アンケートからヒントを得て、新たなメニュー作りに役立てましょう。

## 新メニュー開始前に「見込み客」をあぶり出す

新メニューが決まり、「キャンペーンを仕掛けたい」となったら、そのサービスを売るために、あらかじめ興味があるお客様の属性や好みなどをあぶり出しておく必要があります。

**少なくとも1カ月前からアンケートを取って種まきし、翌月のキャンペーンで刈り取る**という流れを作っておけば、キャンペーンはスムーズに運ぶでしょう。

先ほどのアンケートの例で考えるなら、「ダイエット」と回答した人が多かったので、ダイエット関連の新メニューのキャンペーンを企画します。その際に**ダイエットに興味のある人だけに絞ってメッセージを送れば（セグメント配信）、必要な人に必要な情報を届けることができます**。

## セグメント配信の活用例

実は、ファスティングセットを販売した際、Lステップでのアンケートを使ってもう一つ業務効率化への導線を引いていました。

以前ファスティングセットを購入されたお客様から、実施中に「何を食べたらいいのか？」といった質問が多く寄せられました。説明書は渡しているものの、「明日はこういう物を食べてください」「これに注意してください」といった、サポートとなる内容を一人ひとりに経営者自らが毎朝手動で送っていたそうです。

1対1ならば取るに足らない作業ですが、今回の施策では50個も売れたので管理が大変です。Aさんは今日からスタート、Bさんは明後日から、Cさんは1週間後から……となると、「この人は何日目だっけ？」と混乱が生じます。

この問題もすべてLステップで解決します。お客様に開始日を選択してもらうだけで、**1日目の注意点、2日目の食事内容といった画像を、朝6時に自動送信するよう設定した**のです。

さらに、夜はLINE上でアンケートを取るようにしました。体に起きた変化や気持ちなどを毎日書いてもらうことで、必然的に店舗側へファスティングの効果が届くという仕組みです。

このアンケートは、きちんと答えていただけるよう購入時にお客様に教育をしました。「必ず後で振り返りたくなるから、自分のために毎日記録してください」と言っておくことで、皆さん必ず書いてくださいます。

今まで自分たちが手動でやっていたものが、すべて自動化でき、アンケートの回収率も高くなりました。そして、顧客満足度も高く、売上を作ることができたのです。

**答えは必ず現場にあり、すべての答えはお客様が持っています**。業界が長くなると「こういう人が買ってくれる」という思い込みが強くなるもの。視野が狭まると、出てくるアイデアも狭まってしまいます。自分たちの長年の経験などに頼らず、必ずお客様に聞くこと、そして分析することを忘れないでください。

もし「聞けない」のなら、聞くことができないその関係性が問題だと思います。丁寧にヒアリングしたほうが、よりよいサービスを提供することができます。固定概念を捨てて、しっかりと真実を見ていきましょう。

# Lステップはデータ分析に便利

これまでで、Lステップの有用性は感じていただけたかと思います。LステップではさらにPOSのようにデータを取ることもできます。

例えば、配信を見てくれた人数、「興味がある」と回答したのは誰か、回答者の顧客情報といったデータがすべてLINEと連動しています。

今回は、お客様のデータをすべてCSVに落として分析しました。配信に設置したアンケートで「受けたい」と答えた方には、LINEで個別でメッセージを送りクロージングをかけました。また、「興味あり」という方には、施術で来店した際に「ファスティングに興味があるみたいですが、いかがですか？」と提案し、その場で購入していただきました。

**お客様を分析し、個別に対応し、スピード感を持ってクロージングにつなげられたことが、大きく目標を達成して売上を作れた流れ**です。

**この流れを構築できると、施術と施術以外のサービスでキャッシュポイントを作れるので、売上が安定していきます。**
また、正攻法が分かれば、そこに対しての手間が省けます。一つひとつ紐解いて、しっかりと自社のサービスを言語化し、どういう人に刺さるのか、どういう組み立てをしていけばいいのかを考えていきましょう。

一度成功するまでは組み立てに頭を使いますが、ターゲットに刺さる文章や画像を作成し、順序立てて配信すれば、売上はついてきます。

もしLINE公式アカウントやLステップを導入しない方針であれば、Instagramなどでもこうした流れを作ることも可能です。しかし、細かいデータを取れないので、工数が増えます。顧客を定量的に分析するのも、一筋縄ではいかないでしょう。そのため、**LINE公式アカウントとLステップの掛け合わせが最良**の選択肢であるというのが私の考えです。

## Lステップのデメリット

強いてデメリットをあげるとすれば、**Lステップを利用するためには、LINE公式アカウントの料金（0円〜／月）に加え、Lステップの料金（2980円〜／月）がかかる**点です（2023年6月現在）。

LINE公式アカウントの無料プラン（コミュニケーションプラン）にLステップを導入する場合、1カ月で200通しかメッセージを配信できません。200通以下であれば、Lステップの料金しかかからないため2980円（スタンダードプラン）で利用できます。

ただし200通以上配信したい場合は、LINE公式アカウントをライトプラン（5500円／月。1カ月で5000通まで配信可能）にアップグレードする必要があります。すると、Lステップと合わせて毎月8480円かかることになります。

LINE公式アカウントの登録者数が増えれば、必然的にメッセージを配信できる数が足りなくなります。できるだけ月額料金を抑えたいのであれば、顧客情報をしっかりと取得し、見込み客のみに送信するなどの工夫が必要です。配信したい数に応じて、アップグレードを検討してください。

しかしながら、Lステップはアップグレードできても、ダウングレードできません（LINE公式アカウントはダウングレード可能）。そのため、アップグレードには慎重になる必要があることに注意してください。

その代わり、Lステップをアップグレードすれば、できることが格段に増えます。ビジネスの規模や、やりたいことによって適したプランを選びましょう。どのように運用していくのか、目的を明確化することが重要です。

Lステップを利用してみたい方は、下記サイトにアクセスしてください。ご自身のスマホで、実際にデモンストレーションすることができます。

**Lステップ公式サイト**
**https://xn--l-qfu4al0g.com/entime_lstep/**

# 第5章

武器になる「数字」の活かし方③

# 目標をスタッフへ落とし込む

# 「スタッフに考えてほしい」は経営者の甘え

売上を伸ばすための戦略を考え、目標を立てるのは経営者の役目ですが、実際にプレーヤーとして動くのはスタッフです。経営者は、スタッフに戦略の意図と具体的な目標達成に向けた方法を説明する必要があります。しかし、説明しただけではイメージができないスタッフも多いと思いますので、しっかりと言語化していかなくてはなりません。

目標達成のためにどう動けばいいか、それを「スタッフに考えてほしい」と思うのは、経営者の甘えです。**経営者はスタッフがイメージできる数字を提示し、具体的な行動まで指示を出すことが求められます**。

例えば、新しいサービスを始めるとします。コンセプト作りやサービス内容、競合の調査、目標の売上額までスタッフに丸投げしたらどうなるでしょうか。

任されたスタッフは必死に作業を進めるでしょう。しかし、マーケティングに精通しているスタッフがいるのなら別ですが、実務を担当している人に「最初から最後まで考えて新サービスを作れ」と言うのは、無理難題です。

経営者はスタッフの負荷を減らすことを考えなくてはなりません。今までやっていないことならば、誰しも経験がないのでなおさら**重要事項は経営者自らが決めるべき**です。過程——どういうお客様で、どのような課題を持った人に、どのようなサービスを、いくらで何人に販売し、いつアナウンスをするかなど——を先に経営者が決めてから、具体的な内容をスタッフと話し合うことで、初めて商品設計ができるのです。

経営者であれば、常に安心材料はほしいと思います。しかし、売上の数字を正確に把握していなければ安心のしようがなく、無理な目標設定をしてしまうことがあるものです。

売上は多いほどいいという気持ちは分かります。ただ、売上が増えるということは仕事量が増え、スタッフの作業量が多くなるということです。それではスタッフの身がもたないので、売上と仕事量のバランスをうまく取ってあげるのも、経営者が考慮すべき大切な問題です。

## [ スタッフがイメージできる数字を提示する ]

私は、**イメージできない数字は使える数字ではない**と思っています。それは、先ほどの新サービスを考えるときもそうですが、日常的な指示をする場面でも同じです。

例えば、スタッフに「○○を30個倉庫から出しておいて」という指示を出したとします。しかし、スタッフが正確に理解できるように言うなら、「14時までに倉庫から○○を30個出して、△△に置いておいて」となります。**数字や具体的な言葉を使った指示なら齟齬（そご）はありません**。

STEP 1

# 数字を分析する

本章では、新しいサービスや施策を始めるときに、どのようにスタッフに目標を落とし込み、達成していくかを考えます。第4章に引き続き、宮崎県にある整体院の実例をベースに、皆さんも一緒に考えてみてください。

## 売上を分析する

「売上を最大化したい」という経営者の思いから、2023年4月の売上を最大化させることを目標に据えました。まず、過去2年間の4月と、過去最大の売上をさかのぼります。

【図49】 4月の売上と過去最大の売上(2021〜2022年)

| 集計期間 | 2021年4月 | 2021年9月(過去最大) | 2022年4月 |
|---|---|---|---|
| 売上(円) | 2,650,332 | 2,944,499 | 1,747,648 |
| 商品数(個) | 284 | 494 | 287 |
| 顧客単価(円) | 9,332 | 5,961 | 6,089 |

2022年4月は、スタッフがコロナに罹患(りかん)したため売上が落

ちています。そこで、2021年4月を基準に、売上を120％（約318万円）にすることを考えました。達成できれば、過去最大の売上だった2021年9月の金額を超えることになります。

## 今ある商品･サービスで売上を伸ばせるか

ここで、この整体院の施術メニューを見ましょう。

【図50】 整体院の施術メニュー

| 商品名 | 価格(円) |
|---|---|
| 整体 | 4,800 |
| 整体(学生) | 3,300 |
| 整体＋トレーニング | 7,800 |
| 整体＋トレーニング(学生) | 4,400 |
| 骨盤矯正 | 6,600 |
| 体幹リセット | 8,500 |

施術メニューには高単価商品がありません。これらの商品で十分に売上を作れてはいるものの、売上を安定させるには施術数を増やさなければならず、限界があります。1人が買ってくれるだけで大きな売上になるような商品があれば、目標の売上も見込めそうです。

そこで、318万円を達成するために、何ができるのか。2021年との差額（53万円）をなくすには、「新たなサービスを始めるとインパクトが大きい」という結論に至りました。

## アンケート結果を分析する

数字の分析はこれまで、POSレジからデータを取ってくる方法をお伝えしていました。しかし、今回はお客様に取ったアンケートの結果から、需要が高いサービスはどういったものなのかを検証していきます。

**【図51】 アンケート結果**

【質問】美容で興味のあるものを教えてください。

【回答】

| 選択肢 | 回答者(名) |
|---|---|
| 小顔 | 28 |
| 美しい姿勢 | 58 |
| 美脚美尻 | 35 |
| ダイエット | 59 |
| その他 | 8 |

183ページでもお伝えしたように、アンケートはLステップ

を使って、問診票の中に組み込んで答えてもらいました。

お客様の興味は「ダイエット」、次いで「美しい姿勢」に多く集まりました。**新しいサービスを提供するなら、お客様の需要を体現化するとうまくいく**と、誰もが思うはずです。

そこで、整体院ではダイエットに特化したプログラムを始めることにしました。どのようなプログラムにするかは、【STEP 2】で仮説を立てて検討しましょう。

STEP 2

# 仮説を立てる

318万円の売上を達成するために始める新サービスは、「ダイエットに効果的なプログラム」と決めました。サービスの内容を考える前に、先ほどのアンケートで「ダイエット」とほぼ同じ票数だった「美しい姿勢」を掛け合わせて、新サービスを作らないのかについてご説明します。

## 「美しい姿勢」は単価が上がらない？

あなたは、「美しい姿勢を作るプログラム」と「10kg痩せられるプログラム」が同じ値段だったら、どちらに参加しますか？

美しい姿勢はお客様の主観、つまり人によって定義が異なります。プログラム終了後、他人から「姿勢がいいね」と言われるようになっても、自分が「まだ猫背が直っていない」と感じていたら満足度は低くなります。**目に見える変化を感じづらいプログラムは成立しにくい**のです。

一方、ダイエットは体重という客観的に判断できる数字に基づいた、目に見える結果を感じられます。そのため、ダイエットは高価格に設定しても需要が見込めるのです。

また、「美しい姿勢」と「ダイエット」を掛け合わせるとターゲットがぶれてしまい、購入につながらなくなることも予想されます。

## サービス内容と金額の仮説を立てる

2021年4月の売上から120%（53万円）アップしたら、売上が過去最高の318万円を達成できます（前提として同じ売上を維持していた場合）。経営者は「過去最高の売上になるなら、5本でも10本でも売れるプログラムをやりたい」と言っていました。

しかし、これまでの売上の作り方（低単価で販売個数を増やす）ではない方法を取ろうとしている今、販売個数より単価やサービスの内容にこだわる必要があると考えました。

### 仮説① 既存のプログラムをアップデートする

「整体＋トレーニング」という施術は、1時間で整体とトレーニングを行うもの。筋力維持と体重減少が期待でき、これまでに結果が出た人も多く、実績のあるプログラムです。このプログラムのサポートを充実させ、高単価にすれば売上が立ちそうです。

しかし、整体＋トレーニングの売上が伸び悩んでいる原因がありました。それは、トレーニングを頑張って痩せることに重点を置いていたために、途中で挫折してしまう人や、一定期間取り組んだら自力でトレーニングを行う人が多いことです。トレーニングの反動で食べてしまい、むしろ太ってしまった人もいました。このままではアップデートしても、お客様が見込めないかもしれません……。

### 仮説② 競合にないプログラムを提供する

せっかく新しいプログラムを始めるのなら、競合がやっていないような尖った内容にしたいですよね。

ダイエットプログラムと聞いて、多くの方が思い浮かべるのは「ライザップ」だと思います。厳しい食事制限とトレーニングを、パーソナルトレーナーがサポートしてくれ、結果が出ているイメージがあります。

それならば、ズボラでも痩せられるプログラム、「**きつい運動なし、外食が多くてもOK**」という内容にすれば需要がありそうです。

### 仮説③ 【仮説②】で活かせる既存の商品はあるか

「きつい運動なし」は、整体院の強みが活かせます。体をほぐして整え、“できるだけ動かずに効果のあるトレーニング”をやってもらえばいいのです。トレーニングのノウハウは、これまでの経験からスタッフも心得ています。

「外食が多くてもOK」も、第4章で紹介したファスティングセットの実績から、自信を持っておすすめできます。1カ月に一度のペースで取り入れることで、効果が見込めます。

### 仮説④ 効果が期待できる期間は？

整体＋トレーニングは、1回ずつのプログラムです。そのため、途中で挫折しやすかったとも言えます。途中で挫折しないためには、パッケージにする必要があります。

【仮説②】の内容にするなら、**3カ月**はかかります。3カ月という短期間で、無理なく理想の体が手に入るなら、高単価にしても価値がありそうです。

上記の内容にすれば「整体＋トレーニング」のデメリットも解消でき、ズボラでもできるダイエットプログラムになるでしょう。

## 仮説⑤ 直接的競合と比較した値段設定は？

ライザップは2カ月間・全16回のプログラムで、38万2800円（税込・入会金含む・一括払いの場合。2023年7月時点）です。仮に40万円に設定したら、2人購入されるだけで売上は80万円となり目標を大きく達成できます。しかしながら、「ライザップは高い」というネガティブなイメージがある以上、この金額より高くするのはリスクが大きいです。

反対にライザップの半額、20万円に設定したとします。3カ月間のプログラムの場合、これでは利益が出ません。3回のファスティングセットの金額だけで、約27万円（定価）かかります。

とはいえ、20万円も大きな金額です。3人が契約してくれてやっと目標値を達成できますが、利益が薄いので得策とは言えません。

それならば、**30万円**に設定するのはいかがでしょう。1人で12万円以上の利益が見込めますし、契約者2人で目標達成、

3人なら90万円の売上になります。2021年4月の売上の130%、過去最高売上の120%を達成できる計算です。

## やることが決まったら「コンセプト設計」に力を入れる

【仮説①～⑤】より、ダイエットプログラムの方向性が定まってきました。しかし、**いくら需要のあるサービスでも、すぐに始めればいいというものではありません**。綿密な商品設計をし、お客様に本当に喜んでいただけるプログラムを作っていくことが求められます。

そこで必要なのが「**コンセプト設計**」です。これは、見込み客の課題や現状の課題など、項目別に仮説を立てていくものです。そのプログラムがなぜ必要なのか、どういった結果が出るのか、自社で提供できる根拠はあるのかなど、**プログラムの基礎となる方向性の精度をより高めていきます**。仮説を出せば出すほどお客様にニーズのある商品となりますので、考え得ることはすべて書き出してみてください。

次で紹介する項目が、コンセプト設計に必要な14の項目です。

回答例は整体院ですが、ご自分の商品のコンセプト設計にお役立ていただければ幸いです。抽象度が高い回答をしてしまうことが多いので、できるだけ具体的に考えて書いてみてください。

## コンセプト設計のワーク

**①見込み客が抱えているであろう現状の問題や悩み**

→見込み客はどのような問題を抱えていると想定されるか

例：痩せるためにトレーニングをしたほうがいいと分かっているけれど、どんなトレーニングをすべきか分からない

**②あなたのサービスを買うことで得られる投資対効果（投資に対してのリターン）**

→このサービスを受けた方は、どのように変わっていくことができるのか

例：ダイエット中に過度な制限をしてしまい体調不良を起こす方が多い中でも、普段の生活を少し変えるだけなので体調を崩さず、健康なまま痩せることができる

**③②の状態を得るために最も大事なことは何ですか？（メイン訴求）**

→変わっていくために一番大切な要素は何か

例：摂取カロリー≦消費カロリーの食事が定着するように食事管理を行う

### ④なぜ②の状態が得られるのか？　その根拠について

→変わっていくことができる根拠は何か

例：ハードな行動制限が必要な減量ではなく、無理なくずっと続けられるダイエットであること。長期間継続できる方法だからストレスが少なく取り組むことができる

### ⑤あなたのサービスが選ばれる理由（競合と比較して）

→競合と比べて自社が優れている点はどこか

例：お客様の体力レベルに応じた適切なトレーニング指導と整体を掛け合わせたプログラムは、スポーツジムにはない要素

### ⑥②の状態を得るために必要な期間はどれくらいか？その理由について

→変わるために要する期間はどのぐらい必要か

例：3カ月（月1度のファスティングを3回実施するため）

メーカーの研究結果では、こびりついた腸内の汚れを完全にきれいにするために3回実施する必要がある。

| |
|---|
| |

### ⑦②の状態を得るための具体的なカリキュラム

→プログラムの内容を詳細に記載してください

例：・1週間ファスティングプログラム実施

・週1ペースでの整体、またはトレーニングの実施

・LINEでの食事サポート

| |
|---|
| |

### ⑧商品の単価について

→商品やサービスの値段はいくらに設定するか

例：通常価格……48万7210円

　　特別価格……34万1047円（3割引・トレーニングを選んだ場合、利用されるコース次第で利益は変動）

| |
|---|
| |

### ⑨⑦のカリキュラムで進行する際の行動障害·サービス提案時の障害は何か？

→プログラムを進めていくにあたり、どのような難題が想定されるか

例：高価格、利用者がプログラム通り行うかなど

| |
|---|
| |

### ⑩⑨の障害をなくすための提案やオファー

→その難題は、どのように解決できるのか

例：分割払い、誓約書の提出など

| |
|---|
| |

### ⑪提供するサービスの内容(5つ以上)

→具体的なサービスの中身を書いてください

例：・A社のファスティングプログラム3カ月分

・栄養吸収ブロックと腸内環境を整えるサプリメント提供

・食事無料カウンセリング

・整体かトレーニングの指導

・睡眠指導

| |
|---|
| |

### ⑫提供する特典の内容(最低7つ以上)

→プログラムにつく無料特典を書いてください

例：体重計、水、水筒、カロリー早見表、スポーツ店の商品券(1万円分)、ヨガマット、ポール、トレーニング動画、アロマ、ホットパック

| |
|---|
| |

## ⑬リスクリバーサル･保証

→購入に際し、買い手が感じる不安やリスクを取り除く（リスクリバーサル）ための施策を書いてください

例：間食に最適な糖質の低い食べ物のプレゼント、返金保証、期間延長無料

## ⑭スケジュール

→具体的な日程を書いてください

例：・○○月／LINEで配信（新サービスの告知）

・○○月／無料食事カウンセリングを10件獲得する（カウンセリング時、3カ月パックの説明を行う）

・○○月／口頭で意思確認後、速やかに決済を行う（目標3件）

・○○月／3カ月パック開始

## STEP 3 収益化する方法を考える

新商品・サービスの収益化に関して重要なことは、4つあります。

①コンセプト設計
②分割払いのインフラを整える
③クロージングの導線設計
④提案資料の作成

商品が高単価であればあるほど、購入する人数に大きく左右されます。詳しく解説していきます。

### ①コンセプト設計

まずは、前項にてあぶり出した「コンセプト設計」です。

考え得る仮説から、収益化が見込めるものをピックアップし、どのようなサービスを展開していくかまとめましょう。

### ②分割払いのインフラを整える

特にローカルで、30万円を現金一括で支払う方はなかなかいらっしゃいません。メインターゲットが女性ならば、なおのことです。

この整体院でも、以前、高単価のサービスを試みましたが、

**分割払いの手段がなかったため、一括払いがネックとなり、なかなか契約に至らない**という経験がありました。

POS レジを使えば24回までの分割払いができますが、30万円の24回払いでは、店舗に入るお金は月々約1万4000円のみ。それではせっかく高額商品を販売しても、キャッシュフローが悪くなってしまいます。

そこで、30万円が一括で手元に入ってくる「インフォカート」という決済代行のサービスを取り入れました。

インフォカートは、お客様側は24分割で支払うことができ、店舗側はお金が一括で入ってくる、という仕組みになっています。手数料は取られてしまいますが、キャッシュフロー改善にもなりますし、お客様側にもお店側にもメリットがあるサービスです。

このインフォカートを利用するにあたって、審査があります。本来ならば分割でしか入ってこないお金を代行業者が建て替えてくれるため、「お金を立て替えても大丈夫なサービスか」を審査するのです。

**審査のために必要なものは、どのようなサービスを提供するのかが分かるランディングページ（LP）と会員サイト、特定商取引法に基づく表示などです。**

LPとは、検索結果や広告などを経由してお客様が最初にアクセスするページのことです。【図52】は実際に私が作った

LPです。「今すぐ申し込む」をクリックすると、インフォカートのサイトに飛び、分割払いのページが表示されるようになっています。

**【図52】 LP(イメージ)**

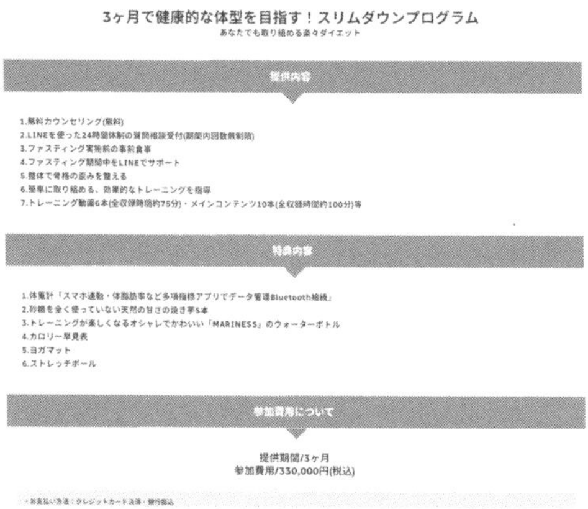


https://campaign.seitairevive.com/

実際にお客様に提供する会員サイトも提出します。3カ月のプログラムなので、1週目に実施する施術や、2週目のトレーニング動画のサンプルなどを説明する内容を盛り込みます。

**LPと会員サイトを決済代行サービスに提出し、プログラムの内容に30万円という金額が妥当なのかを判断してもらいます**。審査に通れば決済サービスの利用が承認されます。

この決済システムを取り入れることで、サービスの正当性も審査してもらうことができます。これは、お客様にとっても安心材料となるのではないでしょうか。

ただし、**これらをご自身で準備するのは、非常に時間と手間がかかるので、経営コンサルタントや専門業者にお願いするのがおすすめ**です。準備にかかる時間を、新サービスをブラッシュアップする時間に充てられます。

もし自社で作る場合は、アンケート結果やサービスの内容をイメージ化し、「まったく知らない人が見ても購入したくなる」ようにコンセプトが尖ったサービスを作成してください。

### ③クロージングの導線設計

クロージングとは、営業活動において顧客と契約を締結することを意味します。商品設計し、宣伝・提案していく中での最終目的は「成約」です。そのために、クロージングまでの導線を作っていきます。

今回の場合、サービスの質を上げるため、成約前に個別相談をすることになりました。LINEで興味のある人を集め、店頭でスタッフが直接クロージングすることを目標にしています。

そこで、ダイエットプログラムに興味を持ってもらうよう、LINEのステップ配信をしました。配信内容の構成は、ファスティングのときと同じです。

- 告知文
- 教育（メリットやプログラムの内容など）
- リンク（教育した配信の詳細）
- アンケート（個別相談を受けたいか・受けたくないか）

さらに、今回はコンセプトの一つに、「ズボラでもできるダイエット」があります。子育てで忙しくて運動する時間がなかったり、ストレスから甘いものがやめられなかったりする人でも、サプリやプロテイン、ファスティングなどをうまく取り入れながら痩せられるといった部分を、"感情的に"訴えながら配信していきます。

### ④提案資料の作成

LINEのステップ配信から興味を持ち**個別相談に来てくださったお客様には、無料カウンセリングをしながら、ダイエットプログラムを提案していく流れとなります**。そのときに提案資料が必要となります。

資料の内容は、運動しているけど痩せないというお悩みをお持ちの方に対し、「3カ月で健康的な体形へ」と題して構成されています。

痩せるためには、腸内環境を整えること、睡眠の質を上げること、美しい姿勢を作ること、自己管理をすることが必要です。この4つを整えるために、具体的にはどのような手順で進めていくのかを資料にまとめます。さらに、申込者特典も契約を促す重要な点となるので、何がもらえるのか、どんなサービスがついてくるのかを分かりやすくまとめます。

これらすべてを提案資料のような形にして、営業活動に活かしていきましょう。

このように、新サービスを始める前に、さまざまな準備が必要です。作業量は非常に多いのですが、ここまで作って初めて営業に着手でき、収益化につながります。少しの間、集中して資料作りに励んでみてください。

**【図53】 提案資料(イメージ)**

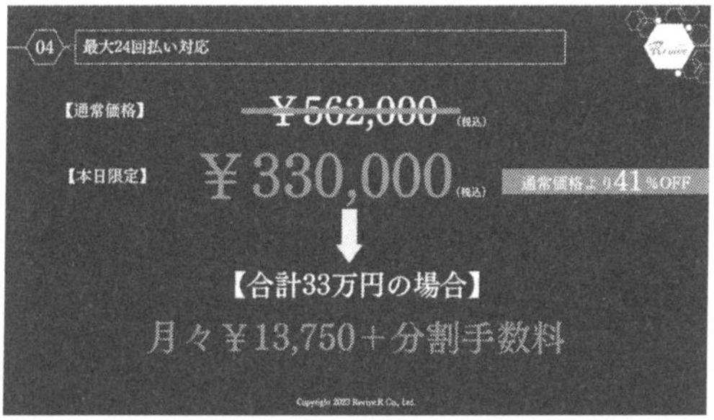


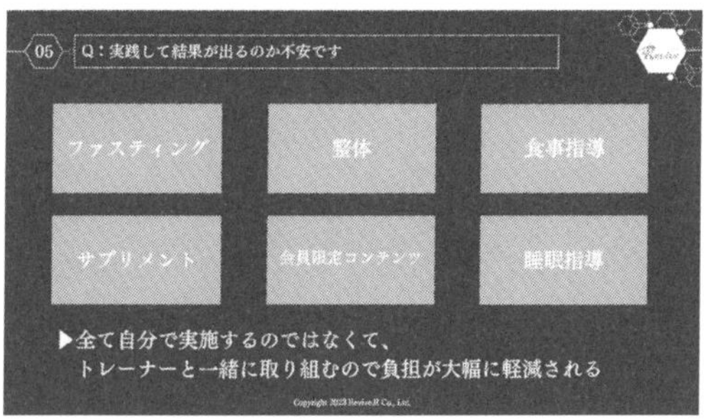


https://x.gd/h0ohG

# STEP 4 目標を立てる（施策開始）

これまでにお伝えしてきた考え方を踏まえて、目標を「SMART」（83ページ参照）に当てはめてみましょう。

- **抽象的な目標**
  ＝毎月の売上と経費を可視化して利益を最大化させたい
- **S**：2023年4月までに、2021年4月対比で120%となる月商318万円を達成する
- **M**：+53万円を達成するために、30万円のサービスを3月末までに3本販売する
- **A**：サービス名およびパッケージの準備を2023年2月中旬までに完了し、InstagramとLINEでアナウンスする
- **R**：既存顧客へ3カ月パッケージについて提案し、口頭で了承を5人からいただく
- **T**：2023年3月10日までに個別相談を10名獲得する

販売数の目標が「3本」は少ないと感じた方もいるかもしれません。しかし、**目標はすべて実現可能な数字でなくては意味がありません**。お店のキャパシティやスタッフの能力・体力などを総合的に判断して、目標値を設定してください。3本売れれば過去最高月商（2021年9月）+93万円を達成できるのですから、プロジェクトは成功です。

また、個別相談を「10名」に設定したことにも理由があります。個別相談をした全員（100%）が成約してくれる可能性は限りなく低いです。30万円という金額を考慮し、10名の30%、つまり3名が受注してくれるのではないかと試算しました。

【STEP 1～3】と前ページのS・M・Aまでは、基本的に経営者が決定する部分。**スタッフが中心となって動いてもらうのは、R・Tの部分**です。RとTを達成するために、**具体的にどのような行動を取ればいいか、スタッフに落とし込む必要があります**。

目標や金額、人数などが抽象的な状態では、どのように商品やサービスを売っていけばいいのか、誰にも分かりません。

経営者が「売上は青天井でいい」という考えを持っていても、結局タスクはスタッフにあります。無理な目標を立ててしまい、経営者とスタッフのスタンスに乖離が生じることは、店舗にとってかなりのリスクです。

具体的で分かりやすい目標を順序立てて作っていくことで、経営者もスタッフも納得できる形でプロジェクトを進めていけます。スタッフ全員がイメージできる数字を提示し、動きやすいようにプロジェクトを作ってあげることは、経営者の役割でもあるのです。

## マネタイズするまでのタイムスケジュール

**新商品を作ってマネタイズするまでには、2カ月かかるの**

**が一般的**です。目標を実行可能なところにまで持っていくために、作り込むものがたくさんあるという話をしましたが、2カ月間でどのような準備をするべきなのでしょうか。スケジュール感を確認してみましょう。

- **コンセプト作り**……………2週間～3週間程度
- **提案資料**……………………………2週間程度
- **会員用コンテンツ**………提案資料と同時進行で内容を固める
  お客様が増えてきたら本格始動

まずコンセプト作りに**2週間～3週間**程度かかります。コンセプトが完成したら、次に**2週間**程度かけて、営業のための提案資料を作ります。このときに、ざっくりと会員用コンテンツ（ホームページ、SNSの文章やデザインなど）も決めておくとスムーズです。ただ、この時点ではまだ形にする必要はありません。先に会員用コンテンツに着手してしまうと、営業を始めても商品が売れなかったときに、かけた労力は水の泡になります。会員用コンテンツは、**お客様が増えてきたら作り込んでいくようにしましょう**。

## スタッフに目標を落とし込む指示の方法

目標が決まれば、誰に何をどう伝えれば目標を達成できるかは、明確になっている状態ですよね。経営者はスタッフに、「○○を□□さんに△日までに送っておいてね」といった目標に即した具体的な指示を出しましょう。

誰にでも分かるような指示を出すには、次のように思考を棚卸しするといいと思います。

その商品が刺さりそうな属性を調べておく

↓

該当するお客様をあらかじめあぶり出しておく

↓

その属性の方々が来店されたら、担当者が「今度、新しいダイエットコースを作るんですよ」という声かけをすると決めておく

↓

その属性の方々の来店予定がなければ、「〇日までにDMを送って宣伝する」など、細かい点まで指示を出しておく

↓

可能であれば「どうしてその行動が必要なのか」もスタッフに伝える

**営業に苦手意識を持っていても、台本があると話せる人もいます。**

例えば、「30万円は高いと感じるかもしれませんが、24分割払いされる場合の、お客様の支払い分は月々1万3750円です。今、毎週来店してくださっているので、月に2万円ほどお支払いいただいています。このダイエットプログラムも1週間に1回来ていただくスタイルですので、ほぼ同額で受けることができます」と伝えれば、金銭面での負担を感じずに

聞いていただくことができます。

さらに、「ダイエットプログラムでは、ファスティングを3回、お水、5本指ソックス、深い睡眠を助けるバスソルトなどが全部込みで、3カ月間行います。それだけのものがついてきて、出ていくお金は毎月さほど変わらないプログラムとなっています」と伝えると、お客様は「お得かも」と感じて購入に踏み切ってくれるかもしれません。

そもそも、営業に慣れていないスタッフは、営業をすること自体を恥ずかしいと思う気持ちもあると思います。しかし、「うちの店は、ダイエットに興味のあるお客様がこれだけいるから、声かけてみて」と、数字を根拠に言えば、気を負わず声をかけることができるようになる場合もあります。

**スタッフに自主性を求めず、経営者が主導していくことがプロジェクトの成功の秘訣**です。人任せにせず、大切なことは経営者自ら考えるようにしましょう。

# STEP 5 目標達成率・利益率を分析する

このダイエットプログラムは、最終的に33万円で販売しました。1本売ったら16万4000円の利益が出るため、利益率は約50%です。

## [ 施策の成果 ]

今回のプロジェクトの成果をお話しします。

- **個別相談希望者**:30名
- **個別相談者**:12名
- **成約者**:2名(うち既存プログラム〔10万2000円〕1名)
- **達成率**:75%(売上金額40万円)

【STEP 4】で設定した、個別相談の目標人数はクリアしました。しかしながら、個別相談の希望者30名に対し、実際に行えたのは12名に留まってしまいました。

その要因として、お客様のタイミングが合わなかったり、既に別のプログラムで満足しているため不参加となったりしたことに加え、個別相談の枠(時間)が空いていなかったことがあげられます。もともと予約を取りにくい店舗なので、個別相談を受けたくても、最短で予約できるのが2週間後。その間に、ダイエットプログラムへの熱が冷めたことが考えられます。

今回のプロジェクトでは、個別相談のための予約枠を設けていませんでした。とはいえ、そこでブロックしたらその分売上が下がる可能性も考えられます。

この教訓をいかし、今後は個別相談ではなくセミナーを3回程度開催し、その場でクロージングする方法を検討しています。

個別相談にいらしたお客様のうち、ほとんどの方が「ズボラでも痩せたい」「ファスティングに興味がある」と言っていました。その中で、1名だけ「食事よりもトレーニングによって体型を維持したい」と言うお客様がいらっしゃいました。

今回の新しいダイエットプログラムは、ファスティングをはじめとした食事メインのサービスのため、お客様にとって最適なプログラムではありませんでした。そこで、既存のトレーニングメインのプログラム（10万2000円）を提案したところ、ご成約いただけました。

結果的に、売上金額としては40万円。目標の2021年4月対比で120%（+53万円）には届きませんでしたが、このプロジェクトの良かった点や反省点を活かし、さらなる施策を講じることで売上を伸ばしていけるでしょう。

# 経営者とスタッフのコミュニケーション術

経営者の皆さんは、「とにかくお店を成長させたい。お店をつぶしたくない」という熱い気持ちでお店を運営しているのではないでしょうか。

しかし、**社員やアルバイトは、経営者と同じような志で働いているとは限りません**。「無難に仕事をこなして、働いた分の対価さえもらえればいい」「特に成長したいわけではない」というモチベーションのスタッフもいます。子育てや家事、学業などに労力を使いながら働いていることを考慮すると、その気持ちも納得できます。

経営者としては、“自分で考えて、自分で行動できる人材”を求めているかもしれませんが、そのような正解がない期待をされてもスタッフは困ってしまいます。

このように、“燃えている”経営者が多いので、スタッフの仕事へのマインドと大きなギャップが生じることもあります。信頼して仕事を任せていくために、コミュニケーションはどのように取っていけばいいでしょうか。

## ローカルの人の特性を理解する

スタッフのマインドを変えるのは、大変難しいです。仕事への使命感や情熱を伝え、なんとか乗り切れる場合もあるかもしれませんが、**現実的に考えられる数字で伝えるほうが目標に向かって動きやすい**でしょう。第1章にてお話ししたように、目標は最大売上の65〜75%に設定することで、誰もが力まずに安定した経営を続けられます。

私が思うに、ローカルの人々は基本的にとても真面目です。そのため、**経営者の指示さえ的確であれば、淡々と落ちついて業務をこなしてくれます**。マニュアルを整えたり、明確にやるべきことを示したりするなど、スタッフが仕事をしやすい環境を整えてあげる必要があるのです。

経営とは、経営者の考えの正しさをぶつけるものではありません。**数字をもとに適切な行動を取り、スタッフに落とし込むことが最も大切です**。

## ルールを守る責任感で動いてもらう

都会よりもローカルのほうが、コミュニケーションが密なイメージがあると思います。確かに、ローカルでは密なコミュニケーションを取ります。その一方で、ローカルならではの気遣いが業務に支障をきたす場合もあります。

ご近所さんとの付き合いをイメージしてください。ローカルではコミュニティが狭いため、少しでも人と違うことをしてしまうと、すぐに周りの噂になります。すると、「必要以上に目立たないようにしよう」という気持ちが強くなってしまうのです。こうした人間関係の“バランス”を重視する意識が働いて、本来の力を出し切れないケースもあるのが、ローカルの特徴です。

それならば、**仕事上のルールを決めて、取り組んでもらいましょう**。「ルールだから守らなくては」「これは私の仕事だから」という責任感から動くなら、周囲の目を気にする必要がなくなり、スタッフにとって働きやすい環境になります。

## 経営者の価値観を共有する

**成長志向をスタッフに求める必要はありませんが、経営者の考えていることを共有する必要はあります**。そのときに、熱量高く話をしても、スタッフには伝わりにくい場合もあるので、数字やグラフなどを用いて説明してください。そうすれば、「絶対的な共通言語」として経営者の考えを認識できます。

現場のスタッフと経営者の価値観が違うのは当たり前。そこに存在する、ある意味不完全な関係性のギャップを埋めるのが数字なのです。

### 価値観の合う人を採用する

経営者の考えを伝えても、共感してもらえなければ行動にはつながりません。

アメリカのプロスポーツでは、選手のレベルが高くなると育てることをやめ、「いかに能力を引き出すか」に注力するようになります。ビジネスにおいても、**スタッフを「採用してから育てる」ことに重点を置くより、「価値観が合う人を採用」したほうが、うまくいく場合もあります。**

採用に関しても、数字で考えることが可能です。

3年間、特に成長が見られないスタッフがいるとすると、それは「コスト」であるとみなす必要があります。働いてもらっている以上、会社に貢献してくれていると考えるべきです。ただし、人を採用すれば人件費だけでなく、教育コストや福利厚生費などが発生します。

価値観の不一致が原因で成長が見込めない人を雇うくらいなら、初めから価値観が合う人を採用するほうが建設的です。自分の会社なのですから、誰に気を使う必要もありません。

## 成長志向にしたいなら、見合った対価を支払うべき

私は、かつて外資系の企業で営業をしていたのですが、周りの同僚は全員、成長志向が強くがむしゃらに仕事をしていました。なぜ、誰もが成長志向だったのか。それは成長しようと思わせる仕組みがその会社にあったからでした。

「年間売上○万円を達成したら、給料が△万円上がる」と公表されていたので、サボりたい人はそれなりの給料ですし、頑張った人はどんどん給料が上がるという仕組みでした。「働いた分が自分にどれだけ返ってくるのか」という明確な指標が開示されていることが、働く原動力になっていたのです。

もし**成長志向の人材がほしいのであれば、売上がいかに給料に反映されるかをオープンにする**というのも、一つの手ではないでしょうか。

例えば、本章で考えたダイエットプログラムも同じです。抜かりなく分析して、コンセプトを作り、LINEで訴求しても、経営者でさえうまくいくかは分かりません。ましてスタッフは、一か八かのようなプロジェクトを実施しても、対価が戻ってこないならやりたいとは思いません。それならば、「目標を達成できたら見返りがいくらあるのか」といったことを、開示してみてもいいでしょう。

人は、それぞれ目指したいものが違います。出世したい人、ずっとプレーヤーでいたい人、正社員になりたくない人、ずっと営業畑がいい人など、さまざまです。スタッフが進みたいと思うようなレールを何本か用意してあげることも、経営者の役割の一つだと思います。

# 第6章

# 「数字」の力を250%高めるDXテクニック

# 作業効率が250％上がる「DX」とは

日々の店舗運営において、「もっと業務を効率化できないか」「こういう部分を簡略化できたらいいな」などと考えたことはありませんか。さまざまな分野でIT化、デジタル化が進む中で、アナログでの経営に限界を感じている方も多いのではないかと思います。

皆さんは、DXという言葉を聞いたことありますか？　まずはその定義からお話をしていきます。

DXとは、デジタル・トランスフォーメーション（Digital Transformation）の略称で、直訳すると「デジタル技術による変革」です。経済産業省が2020年に発表したDXの定義では、以下のように書かれています。

> 企業がビジネス環境の激しい変化に対応し、データとデジタル技術を活用して、顧客や社会のニーズを基に、製品やサービス、ビジネスモデルを変革するとともに、業務そのものや、組織、プロセス、企業文化・風土を変革し、競争上の優位性を確立すること
>
> 引用元：デジタルガバナンス・コード2.0（経済産業省）

……この定義も分かりにくいですよね。もっと簡単にご説

明します。DXとは「**データとデジタルを活用して、ビジネスモデルや業務そのものをよりよくしていきましょう！**」ということです。

## ローカルこそDX化が急務

私は、ローカルの店舗こそDXが必要だと思っています。その理由は、皆さんの日常生活を改めて振り返っていただくと、イメージがつきやすいのではないかと思います。

例えば、生活の中で何か物を買うとき、実際に店舗に足を運んで買いに行くこともあれば、Amazonや楽天市場といったオンラインショッピングで済ませることもありますよね。この、**オンラインショッピングを手がける企業こそ、DXが進んでいる代表例**なのです。

Amazonでは、多方面においてDXに着手しています。DXの分かりやすい例は、「今すぐ買う」ボタンです。

ECサイトからユーザーが離脱する一番の原因は、購入時の手続きの煩わしさでしょう。商品をカートに入れてから購入に至るまでの工程が多いほど、ユーザーは買わずにサイトを閉じてしまうのです。

この問題の解決策として考案されたのが、「今すぐ買う」ボタンです。Amazonに登録済みのユーザーであれば、配送先や支払い情報の入力を省略し、1クリックで注文を確定できます。しかも「当日お急ぎ便」なら、すぐに商品が自宅に届きます。非常にシンプルですが、この仕組みはユーザーの手間を最小限に抑え、離脱を防ぐために考えられたDX化の一つです。

## DXは難しい？

DXという言葉を聞いただけで「難しい」「うちには関係ない」「大手企業だから導入できるんでしょ」と思ってしまうかもしれませんが、DXにもいろいろあります。

例えば、

- スケジュールを手帳ではなくアプリに書き込む
- 紙で管理していたシフト表をスプレッドシートで作る
- 議事録を手書きではなくオンラインツールを活用する
- 予約を、電話ではなくSNSやサイトから受け付ける
- クレジットカードやQRコード決済に対応する
- SNSを使って集客や商品の販売をする

といった、これらはすべて「DX」です。手帳もシフト表も会議資料も、印刷して持ち歩く必要はありません。スマホが1台あれば、いつでもどこでも確認できます。

もちろん、主に大企業が使う、マーケティングオートメーション（MA）といった膨大なデータを自動で処理するデジタルツールもあります。しかし、先ほどあげた例のように、**業務効率化を目的とした、中小企業～個人レベルで使える身近**

**なDXツールもある**ということです。

また、DXを取り入れる企業や人が増えたことで、より多くの人が使いやすいようにツールは日々アップデートされています。登録や設定、使用方法も一昔前より格段に簡単になっています。DX化することで、お客様も経営者、店舗も手間をかけずに済むのですから、導入しない理由がありません。

## DX化しないと、お客様は離れていく

このように、皆さんを取り巻く環境は気がつかないうちにDX化されてきています。デジタルツールが発達している環境下で、**アナログのまま経営を進めている店舗と、DX化を進めている店舗では、圧倒的な差が生まれてしまう**ことは想像できるでしょう。

そもそも、DX化が注目を浴びたのは、新型コロナウイルスの流行が大きなきっかけでした。緊急事態宣言により、店舗は営業できない日々が続きました。行動が制限され、対面での仕事はすべて遮断されてしまった状態でした。

お店にとって、お客様に来ていただけないことは死活問題。当時は数千もの企業が廃業に追い込まれたという事実もあり、対面接客にこだわらず、オンラインを活用して活路を見いだすことが盛んになりました。このとき、DXへの関心はどんどん高まっていったのです。

これまで、デジタルツールは「人間がやる仕事を代わりにやってくれる」という程度でしか考えられていませんでした。しかし現在は、顧客分析やSNSを使った認知拡大など、人の手以上の役割を担っています。都会に比べ、人材が思うように集まらないローカルでは、**人を雇うよりも安く、人よりも優秀な仕事をするデジタルツールを活用した店舗経営が求められる**のです。

では、店舗におけるDX活用はどのように進めていけばいいでしょうか。私が考える、店舗でのDX化のメリットには以下の4つがあります。

①新規顧客の獲得
②LTVの向上
③社内のIT化を促進
④人材管理

それぞれの施策を、分類ごとに説明していきますので、ぜひご自身の店舗経営に活かしてみてください。

※18　フォロワーへアンケートを取ったり、反応を得たりしやすい機能。投稿後24時間で自動削除されるが、投稿者は削除されても、集計結果を見ることができる

DX化のメリット 1

# 新規顧客の獲得

まずは、1つ目の「新規顧客の獲得」についてです。**新規顧客を獲得するために最適なツールは、SNSです。**

コロナ禍でも、SNSを上手に活用していた企業は総じて生き残っています。裏を返せばSNSで発信をしていなかった企業ほど廃業に追い込まれているということ。その理由は、行動制限がある中、人々に自社の活動内容を届ける手段がなく、販売に結びつけることができなかったからです。

これまでにもお伝えしてきましたが、**SNSの拡散力をうまく活用できれば、あらゆる状況に対応した形で、広告費をかけずに安定して新規顧客を獲得することができます**。SNSは、0円でスタートでき、さまざまな恩恵を受けられる可能性が非常に高いのです。

**店舗と特に相性がいいSNSはInstagram**です。Instagramのストーリーズ※18やリール、フィード投稿、ハイライト※19などを使って新サービスの告知をしたり、店舗に関する案内を設置してホームページにできない役割を果たしたりと、多くのメリットがあります。

Instagramをはじめとした SNS には、テレビCMやチラシと大きく違う点があります。例えば、テレビCMは流せば流

※19　ストーリーズをプロフィール欄でまとめて紹介できる機能。自由にフォルダを分けられるため、「予約」「お客様の声」などで分類し、作成するのがおすすめ

すほど広告費がかさむので、ほとんどの企業は一定期間でCMをやめてしまいます。放映されなくなると人々の目に触れる機会がなくなり、いつの間にか忘れ去られてしまいます。

一方、SNSは投稿が消えることはありません。今日投稿した内容が、半年後、1年後に何かのきっかけで突然多くの人に見られるようになり、集客につながるかもしれません。長いスパンで見たときに、過去の投稿が資産となるのです。

このように、**SNSは実績を積み上げていけるものなので、一刻でも早く始めることをおすすめします**。スタートが遅くなれば遅くなるほど、競合よりも出遅れてしまうことになるので、ぜひ今すぐInstagramから始めてください。

SNSを活用しようと思っても、専門の知識を持っている人が社内におらず、リソースが足りないと感じている経営者も多いかもしれません。その場合、外注するのも一つの手です。広告費と同様、またはそれ以下のコストで依頼することが可能ですので、自社の特徴を理解してくれるような外注先を見つけることができれば、強い味方となってくれるでしょう。

## 現代の購買行動モデル「AISCEAS」

SNSが発達してから、人々の購買行動は変化してきました。購買行動モデルは「マーケティングファネル」で表され、**現代の消費者に合ったモデルは「AISCEAS（アイシーズ）」**です。

- A：Attention（認知）
- I：Interest（関心）
- S：Search（検索）
- C：Comparison（比較）
- E：Examination（検討）
- A：Action（行動）
- S：Share（シェア）

【図54】 AISCEAS

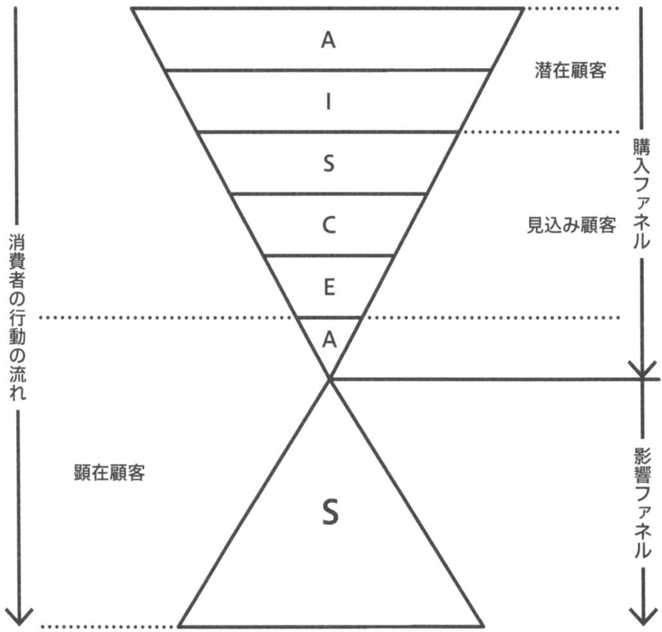

マーケティングファネルとは、顧客が商品やサービスを認知してから、購入するまでの流れを図式化したもの。購入に至るまでの間に自然と人数が減っていくため、ファネル（ろうと）で表されるのです。

AISCEASは、次のような流れになります。

InstagramやTikTokで、「たまたま『おすすめ投稿』で見た」「誰かがメンションしていた」といった“偶発的な出合い”をすることで自社の商品を**認知（A）**します。次に、認知した商品やお店に**関心（I）**を持ちます。「こんな商品があるのか」と興味がわくフェーズです。そして、自発的にその商品を**検索（S）**して、YouTubeやGoogle検索を通じてより深く知っていきます。その後、類似商品を**比較（C）**・**検討（E）**し、その商品を購入するという**行動（A）**を取ります。

実際に商品を購入した後、それがいい商品だったら、企業が依頼しなくてもSNSで**シェア（S）**して、他の人にもおすすめします。シェアしたものが、また誰かの認知につながっていくサイクルが形成されているのです。

DX化のメリット2

# LTVの向上

2つ目はLTVの向上です。これまでにもお伝えしてきたように、店舗経営は一度来店してもらって終わりではなく、リピートしてもらうことが収益の安定化につながっていきます。また、顧客単価をアップさせることもLTVの上昇につながります。

お客様の来店頻度や顧客単価を上げていくために大切なのは、既存のお客様と接点を持ち続けるということです。お客様と接点を持ち続けるために使えるツールは、なんと言っても「LINE」です。LINE公式アカウントとLステップを掛け合わせれば、新サービスやキャンペーンの告知、施術やセミナー予約の自動化、アンケートなどを実施でき、LTVの向上を図れることは、すでにお話しした通りです。

お客様側の工数を下げられるツールを導入すると、心理的障壁がなくなり、来店しやすくなります。皆さんもLTV向上のために、導入を検討してみてはいかがでしょうか。

DX化の
メリット
3

## 社内のIT化を促進

DX化をすることで社内のIT化につながり、人材管理にも大きな効果があります。社内をIT化すると、**単純作業から解放され、作業効率が飛躍的に向上します**。空いた時間で、より創造的で生産性の高い業務を実施することができるのです。

POSレジやLステップを導入すれば、人を1人雇うよりも安く、正確なデータを集め、効率的に分析することが可能です。データ分析を一から人の手でやろうとすると、膨大な時間がかかります。単純作業は、デジタルツールにすべて任せればいいのです。

データ分析の結果から、無駄な人員を削減することも可能です。時間や曜日別の売上が分かれば、人の少ない時間は人員を減らせますよね。シフトを考える時間も減り、印刷して共有していたならば印刷費もなくせます。

また、オンライン予約ができるようになると、予約の確認や調整、サービスの提案といった工程が不要になります。社内のあらゆる業務をデジタル化することにより、工数削減、業務の効率化などのメリットがあげられます。単純作業から解放されれば、より生産性の高い業務に従事することが可能となります。

DX化されていない一昔前ならば、お客様一人ひとりに対し「今日空いていますがいかがですか」と電話で営業していましたが、必要のないお客様にとっては押し売りでしかありません。LINEなどでメッセージを送るならば、見たい人にだけ見ていただくことができます。

何より店舗にとって、予約を受け付ける窓口のスタッフに人員を割かなくて済むので、人件費も削減できます。一度仕組みを作ってしまえば、ずっと使うことができますので、ぜひ導入を検討してみてください。

## 業務を効率化するおすすめの社内ITツール

社内のIT化を進めるために、おすすめのツールがいくつかありますので、ご紹介させてください（図55）。

すべてをこれらのツールに切り替える必要はありませんが、次の3つはすべての業種の方におすすめできるツールです。

### ①Notion

**Notionはプロジェクトの管理に役立つ、無料プランのあるツール**です。プロジェクトを推進していくには、計画通りにタスクが進捗しているのかを常に確認しておかなくてはなりません。また、人員や資金などのリソース管理も行う必要があり、多様な業務が発生します。

Notionを使うと、複雑化するプロジェクトのさまざまな情報を一元管理することが可能です。スケジュールの調整や、書類の更新作業などを同一の管理ツール内で行えるため、複数のツールを用いる必要がなくなります。プロジェクト管理で頭を悩ませている方は、ぜひ参考になさってください。

### ②Canva

**Canvaは無料で使うことができる、オンラインのグラフィックデザインツール**です。統一感のあるSNSの投稿やプレゼンテーション資料などを作成できます。

Canvaにはチーム機能があり、それを活用することによって使用する色などの制限が可能です。設定したフォントや色などを使えば、誰が作っても、統一性のある資料ができ上がります。つまり、資料作成をテンプレート化できるということです。214ページの提案資料も、Canvaで作りました。

### ③Googleカレンダー

**Googleカレンダーを使えば、予定を組みたい人と自分の予定を同時に表示させることができます**。お互いの空き時間が一目瞭然ですし、スケジュールを入力すれば直ちに、相手のカレンダーにも予定が追加され、そのままそこにZoomなどのリンクを貼り付けることも可能です。

いつも「ミーティングをしたいのですが、いつ空いていますか？」というやりとりをしていると思います。このようなやりとりは正直言って不毛です。Googleカレンダーを一つ取り入れるだけで、相手の手を煩わす必要もなくなるので、非常におすすめのツールです。

**【図55】 社内IT化を助けるツール**

| 目的 | ツール |
| --- | --- |
| オンライン会議 | Zoom、Google Meet |
| ファイル共有 | Notion、Google Drive |
| 経費書類 | マネーフォワード クラウド会計、freee会計 |
| 社内マニュアル | Notion、Vimeo |
| 業務用チャット | ChatWork、Slack |
| 電子決済 | サブスクペイ、インフォカート<br>stripe、PayPal |
| オンラインカレンダー | Googleカレンダー |
| 電子契約 | マネーフォワード クラウド契約、freeeサイン |

**社内のIT化を進めると、少ない人数で最大限の結果を出すことが可能**となります。人材不足の店舗ほど必須になりますし、効果も絶大です。また、業務が効率化されるので、スタッフがサービスに専念できることにもつながります。

よくある経営者の悩みに、スタッフに事務作業を依頼すると「こんなことをするために入社したのではない」と言われてしまうことがあると思います。**社内のIT化が進むことで、単純作業も減ると、そうした不満が生まれにくくなります。**

お客様だけではなく、大切な社員のためにもDX化を進めていきましょう。

DX化のメリット4

# 人材管理

人材管理にマニュアルは必須です。マニュアルの作成方法は第3章でお伝えしました。マニュアルは、見たいときに見られなければ意味がないので、今すぐDX化すべきです。

マニュアルの作成には、Notionが便利です。

マニュアル作成専用のツールを開発している会社もありますが、従業員100名以上の大手企業を対象にしているものが多く、一番安いプランでも月額7万〜8万円ほどかかってしまいます。負担が大きいため、ローカルの店舗には向かないと感じました。

Notionならば無料です。画像や動画も掲載でき、スマホからも閲覧可能なので、中小企業やローカルの店舗も取り入れやすいと思います。

お金をかけるよりも、自分たちの好きな形式でマニュアルを作ったほうが、リーズナブルかつ有用性の高いものになります。ぜひ、デジタルツールを使ってマニュアルを作ることを検討してください。

# DX化しないと、誰からも選ばれなくなる

ここまでお読みいただいても、「うちの店舗にDXなんて必要ない」と考えている経営者も多いでしょう。しかし、それはとても自分よがりで、**消費者やスタッフ目線に立っていない考え方**です。

## 不便な店をお客様は選ばない

お客様は、電話で予約する店よりオンラインで予約を取れる店を選びます。現金払いだけの店よりは、キャッシュレス払いも使える店を選びます。どちらも、後者のほうが利便性が高いからです。

**DX化を進めないと、「遅れてしまう」のではなく、「選ばれない」状態になってしまいます**。どれだけコンセプトがいいプロダクト・サービスを持っていたとしても、それ以外が不便であればそのお店には行きません。

現在のビジネス環境の変化は激しく、**優位性を持つ企業だけが生き残ることができます**。特定のお店でしか買えない商品があるのなら多少不便でもそのお店で買いますが、そうでないのであれば、あらゆる商品をネットで買うことができる時代に、小さな店舗が選ばれるためにはDX化は必須です。

世界的に見ても、日本のDX化は遅れをとっています。そのため、今やDX化は国をあげて推奨されており、中小企業や小規模事業者が生産性向上に役立つITツールを導入する際に、国がその経費の一部を補助する制度もあります。こうした制度を使って設備投資するのもひとつの手なのではないでしょうか。

## 不便な店でスタッフは働きたくない

対お客様だけではなく、**社内業務でもDX化を進めることができれば、無駄な時間を削減することが可能です。**

現金払いしか受け付けていない場合、毎日「お金のチェック」という工数が発生します。予約も「電話のみ」となれば、そこに必ず人員を割く必要があります。

支払いがキャッシュレスで完了するのであれば、お金の管理は最小限で済みますし、予約がネットで完了するのであればヒューマンエラーもありません。

### 社内の情報管理も一元化でスムーズに

お客様への対応以外にも、会議が終わった後には議事録とタスクの管理が待っています。私のクライアントは、これまで議事録をA4の紙にまとめていたのですが、毎回「**その紙どこやったっけ問題**」が発生していました。その紙を探す時間こそ非常に無駄で、その時間を業務に充てれば、業務効率は改善します。

この問題は、Notionで議事録を作成し、デジタル保存するだけで解決します。誰でもいつでもアクセスできるので、会議を欠席したとしても、空き時間に確認することが可能です。

また、239ページでもお話ししたように、タスクの管理も容易になります。会議後、それぞれのスタッフにタスクを課しても、順調に進まない、進捗状況が見えないということはありませんか。あなたが思っているほど、スタッフは自分のタスクを把握していないものです。「誰かがやっているだろう」と他のスタッフに依存している状態なのです。そして、1～2週間たっても何も進展がない、という悲劇が起きてしまうのです。

**Notionを使えばすべての情報を一元化できます**。個々のスタッフのタスクを明確に表示し、いつでも確認できる状態にすれば、必要に応じて的確な指示を出すことが可能です。

## 最小限の会話でOK。属人性に頼らずスムーズに

**DX化の意外な利点は、いい意味で社内のコミュニケーションを減らすことができる**という点です。

例えば仕事上、特定のことに関して、担当者だけが把握している状態は会社として避けたいものです。担当者がいないと作業が止まってしまったり、逐一担当君に確認しないと分からなかったりすると、別の人にお願いしたいときは担当者がその都度、同じ話をしなくてはならず、時間を取られてしまいます。しかし、進捗状況がオンライン上に共有されてい

れば、それを見れば済む話。社内の不毛な会話が減り、より仕事に専念できるようになります。

スタッフが売上に直結するところに時間を割くことができる状態が会社にとって一番いいので、その状態を作ってあげることも経営者の役目です。

また、経費の削減について常に頭を悩ませている経営者の方も多いと思います。DX化を進めることで、そんな悩みも解決することが可能です。

例えば、紙を使用する頻度が減り、印刷代や紙そのものの購入代金、ボールペン、修正液などの細かい経費も削減できます。デジタルツールを導入する際にお金がかかりますが、それをすぐにクリアできるほど無駄な経費と工数を減らせるのです。

## DX化でスタッフもお客様も満足度アップ

従業員の満足度は顧客満足度に比例すると言われています。アナログな企業が多い中、デジタル化してあらゆるものを簡略化することで、従業員の満足度は上がります。従業員のモチベーションが上がればサービスの質も上がり、顧客満足度も上がっていきます。従業員にとっても、お客様にとってもメリットのあるDXを導入しない理由はありません。

アナログのままでいいと考えていても、実際に働いてくれているのはスタッフです。デジタルツールはいわば、自分たちを助けるもの。**DX化すれば無駄な工数を削減できるので、人手が足りないローカルの店舗こそ頼るべき**だと思います。

スタッフの声に耳を傾けてみることや、今までやったことがない分野に着手してみると、今以上に働きやすい職場になるのではないでしょうか。

## 「面倒くさい」の先に「快適」が待っている

こうした施策は大きなシフトチェンジを伴うものなので、「面倒くさい」という気持ちが先行してしまうと思います。確かに、手間も費用もかかりますが、その面倒くさい気持ちを放置してしまうと、さらに面倒なことが待っています。思い切って動いてみることで、「快適」を得られるのです。

ただ、念頭に置いておいていただきたいのは、DX化に踏み切ったとしても、短期的に成果が出るものではないということです。さらに、DXに終わりというものはなく、毎年毎年、改良していく必要があります。そうした点を煩わしいと思う方は多いかもしれませんが、総合的に考えてもDX化はメリットしかないというのが私の考えです。

実際にDX化した経営者は、「やって良かった」とおっしゃる方ばかり。業務効率改善につながることは間違いありません。

# 何から始めたらいいのか

私はたくさんの店舗の経営者から、DX化について相談を受けてきました。そんな私が感じるローカルの実店舗におけるDXの壁というのは、「何から始めたらいいのか分からない」ということです。

## DX化のメリットを伝える会議を開く

初めにやらなくてはならないことは、**DX化を進めていくための会議の場を持つこと**です。

DX化を進めたいと思った経営者はやる気になり、すぐにでも実行に移したくなるかもしれません。しかし、スタッフはDXに関する前提知識がありません。DX化によりどれだけ生産性がアップするのかといったメリットを、まず理解してもらう場が必要です。それなしでは、スタッフはこれまでのやり方を変えていくことに対して、前向きに動くことはできず、反対されてしまいます。

誰もが新しいことにチャレンジしたほうがいいと分かっていても、現状維持バイアスのようなものが働いて、今のままでいいと考えてしまうのです。

DXを導入したい旨を伝える際に説得力を持つのが、**似たような規模の店舗の「ロールモデル」**です。経営者もスタッフもDXは未知の世界。導入したら、どのように職場が変わっていくのかをイメージできれば、スタッフも安心してDX化に賛同してくれるはずです。

ロールモデルといっても、難しく考える必要はありません。YouTubeなどで「整体　DX」「建築　DX」などと調べれば、いくらでも出てくるので、成功事例を共有していきましょう。

社内ではまだDX導入に否定的な意見もあるかもしれません。経営者だけが突っ走って、スタッフが置いていかれるようなことがあってはいけないので、**スタッフの賛同を得ながら進めていきましょう**。

## DX化して省ける時間を算出する

もう一つ重要なのは、**社内業務の中で圧迫されているものを可視化すること**です。

例えば、印刷するために使っていた紙の置き場所や、Faxの送り状の紙の保管場所など、物理的な物の置き場所にどれだけのスペースをとられていたのか。そして、予約の電話を受けるために費やしていた時間は一日トータルで何分ぐらいになるのか。こうした部分を一度洗い出し、可視化して現在値を把握するのです。

最適な解決策は企業によって変わりますので、それぞれの店舗に合わせて変えていってください。

どの店舗でもすぐに取り組むことができそうなDXとして

おすすめなのは、POSレジの導入です。スタッフの大半が使うツールが便利になると分かれば、賛同を得やすいでしょう。

本書にてご紹介したLINEやSNSなどのDXツールは、**すべて導入したとしても月額１万円前後で、スモールスタートが可能です**。最終的には、これらのツールを使いこなすことが競合優位性にもつながってきますので、ぜひ前向きに検討してみてください。

# 終章

## 「数字」を武器に、次なるステージへ

# 頭が良くても「興味」がなければやらない

私はかつて、病院や医師向けに手術時に使う医療機器の営業をしていました。そのとき感じたのは、病院もビジネスなのだということです。

当時の私には、「病院が倒産する」という概念がありませんでした。病院は常に患者さんであふれていますし、絶対的な需要がある場所だからです。しかし、その裏側で経費を大変シビアに見ている側面がありました。

病院にものを売りたい企業側としては、いい商品を安く提供したい半面、開発費の回収をしなくてはいけないため高額となり、導入してもらえないジレンマを抱えています。

私もその職に就いて1～2年目のころはいいものを紹介すれば、買っていただけると思っていました。「手術の際、先生たちの手技(しゅぎ)が楽になりますよ」「この装置を使うと、患者さんにメリットがありますよ」と提案しても、まったく響かない日々が続きました。

そこであるとき、「これを使うと先生たちも手術が楽になるうえに、病院も収益を生みますよ」と、売上に関する具体的な数字も入れて提案してみたところ、納得していただき導入につながりました。

この経験から、**人は感情で動くとはいえ、具体的な収益を**

**客観的に理解してようやく行動に移す**のだということに気がつきました。やはり、数字を見せていかないと実感を持ってイメージしてもらえないのです。

そこからは、あらゆる場面において数字を用いて考えるようになりました。対お客様向け、対社内向けのいずれも、数字を提示して営業活動をし、毎月のノルマも数字を出して報告しました。また、どうすれば効率的に病院を回れるか、どう伝えれば興味を持ってもらえるか、どうすれば自分が数字を達成できるのかといったことを毎日必死で考えていたと思います。

そういった背景があり、私は嫌でもずっと数字と向き合ってきました。今は、分野が違うマーケティングという道に進みましたが、**顧客理解が伴えば道は開ける**という点では、営業もマーケティングも同じだと理解したのです。

お医者さんのように頭がいい人でも、メリットを伝えるだけでは興味を持ってもらうことはできません。数字を提示することで抽象的なメリットが具体化され、理解してもらえるのです。数字は誰が見ても同じ認識を持つ共通言語であり、異論を唱えることはできないもの。**確固たる「数字」が共通言語になり、感情を動かす**のです。

# 勝ち続けたければ、数字を見続けよう

「経営者は孤独だ」と、よく耳にします。自分のセンスを分かってもらえないときは、熱い言葉や高い専門性をアピールするのではなく、数字を使いましょう。それだけで、スタッフに自分の考え方や在り方、やりたいことが伝わります。

**数字は、現実を突きつけるだけの冷たいものではなく、経営者の頭の中を的確に伝えてくれるツール**です。経営に使えるひとつの道具として上手に付き合っていくことができれば、あなたの経営は必ずうまくいきます。

本書でお話ししてきた「数字」は、考えれば考えるほど難しいと思ってしまうかもしれませんが、現状を把握し、現実を最適化していくためには数字を見ていくしかありません。

コンセプトを尖らせることは、当たるかどうか不確実で、博打を打つようなものです。しかし、数字をもとに戦術を尖らせていくのであれば、確実に地に足のついた方法であり、やるべきことをとことん突き詰められます。

「昔から数学が苦手だった」「感覚でやってきてもうまくいっていた」と感じている人にとって、数字に対する苦手意識はなかなか拭えないでしょう。しかし、数字は得意・不得意で結果が変わるものではありません。数字を分析すること自体に、ほとんどリスクはないのです。

尖ったことを始めるリスクと、苦手意識のある数字に向き合っていくリスクではどちらが理にかなっているでしょうか。賢明な皆さんでしたら、すぐにお分かりいただけると思います。

経営は、何もかも経営者自身がたった一人でやらなくては、と自らを追い込んではいませんか？　誰にでも苦手なことはあります。適材適所でスタッフを頼ることで、理想とする経営が実現できるはずです。

**ビジネスにおける数字は答えが何通りもあるので、実現の可能性や売上のインパクトを考慮し、ある程度、確信を得たうえで行動に移すもの**です。その答えが合っているかどうか、結果が出るまで不安はつきませんが、これは誰もがぶつかる壁なので、心配しないでください。

今は数字の見方が分からなくても、**自社の過去の数字にヒントが必ず隠れています**。そのヒントの中に、自社を輝かせるお宝が眠っているのです。

それを見つけるために、まずは数字を見る時間を確保すること。「忙しいから数字など見ていられない」なんて、甘いことを言っているうちは、成功は遠いでしょう。私に言わせれば、数字を見ていないから忙しいのです。

**経営の課題は数字によって表面化し、必ず数字が解決に導**

**きます**。見つかった課題を一つひとつクリアしていけば、事業は安定し成長していきます。地元の人に愛され続ける、ローカルで確固たる地位を得た企業になるには、変わり続ける数字を見ていくしかないのです。

長い時間をかけて数字と向き合い、経営課題に目を向けていると、ふと急に目の前が明るくなるような感覚がやってくることがあります。

それは、数字を通して課題の解決策が見いだされた瞬間です。そんなとき私は、急に数字が愛おしくなります。

ぜひ皆さんも、数字への愛を深めていってください。

# おわりに

将来的にローカル企業は競争が激化していくと思います。恐らく、フランチャイズなども進出してくるでしょうし、新規参入も増えるでしょう。

最近、私の住む宮崎県をはじめとしたローカルでも、パーソナルトレーニング用のジムや、無人で24時間使用可能なジムが増えてきている印象があります。サービスを提供する事業者はノウハウを都市部で学び、"あえて"ローカルで開業しているのでしょう。

都市部に比べて競合が少ないことや家賃を安く抑えられること、完全DX化していればスタッフを集めなくても事業を始められることなどが、ローカルを選ぶ理由かもしれません。考え得る理由はたくさんありますが、以前よりローカルに進出しやすい環境が整ってきたのです。

さらに、固定費や人件費が減れば、お客様の月会費も安くできるでしょう。そんな利便性の高いジムが月会費3000円程度なら、地方だけで展開しているアナログ企業は淘汰されてしまいます。

そこで、尖ったコンセプトを提供する企業は一強となっていきます。これまで通りの商品やサービスを扱っているままでは、ますます差が開いていくと予想されます。
DX化しておらず「不便だ」と感じたお客様は、戻ってきてくれません。選ばれなくなれば、“衰退”しか道は残されていないのです。そんな悲しいことはありません。
私は、お客様からずっと選ばれるお店にするお手伝いがしたい。今、頑張っているローカルの企業を1社でも多く残したいと思い、この本を書きました。

本書のケーススタディーで紹介した美容室と整体院は、パイが大きい業種のため、他のあらゆる業種にも汎用性の高い事例だと思います。自社ですべて完結できるようお伝えしていますが、もし自社だけで行うのは難しいと感じた場合は、ぜひ私や経営コンサルタントを頼ってください。皆さんの個性豊かなビジネスに見合った展開をご提案させていただきます。

ローカルビジネスに従事されている皆さまの店舗が、これからも発展し続けることを願っています。その発展に本書が役立てば、これ以上の喜びはありません。
一緒に、ローカルを盛り上げていきましょう！

2023年8月　寺山大夢

# 読者限定プレゼント

### 尊敬する店舗経営者の皆様へ

この度は拙著をご購入いただき、心より感謝申し上げます。本書は、ローカルの店舗経営者の皆様が、さらなる成長を遂げるための一助となることを願っております。
さらに、読者の皆様だけに向けて、**ビジネスを飛躍的に進化させる特別なプレゼント** をご用意しました。

## 1 限定10社の数値化セッション

ビジネスの鍵となる強みと弱みを明確にし、改善点を特定。これにより売上アップや業務効率化が可能となります

## 2 特別公開

都市圏以外でも売上150万円を達成した整体院の成功戦略動画。この方法を学び取り、地域に関係なく顧客を獲得し、売上を増やすことができます

## 3 限定公開

月商100万円アップを達成した焼肉店の戦略動画。ここから得られる具体的な手法を適用することで、あなたの店も売上増大を実現できます

### プレゼントを受け取る方法

**これらのプレゼントを受け取る方法は、**
**左のQRコードをスキャンするだけ!**
あなたのビジネスを一歩前進させるプレゼントとしてぜひ受け取ってください。

**Special Thanks**
UN1CA de BIEMON【ウニカ デ ビエモン】
エリック バリオス様

整体院リバイヴ
代表取締役　谷平 真弥様

株式会社スタディプレイス .me
代表取締役　俵 清志郎様

## 寺山大夢（てらやま・たいむ）

株式会社 Entime 代表取締役

1988 年生まれ。宮崎県宮崎市出身。福岡大学卒業後、教育関連の事業を経て、医療機器の外資系企業で営業に従事。2021 年 7 月に、ローカルの中小企業の経営者を支援するコンサルティング会社「株式会社 Entime」を、地元・宮崎県で起業。美容院や整体院、飲食店といった店舗型ビジネスを専門に、過去の売上などの数値から課題を見つけ、事業を拡大するためのトータルサポートを行う。再現性の高いアドバイスに定評があり、LINE（L ステップ）をはじめとした SNS 構築・運用、DX 支援も得意。現場に足を運び、経営者の思いに親身に応える「よき伴走者」を目指している。

● HP：https://entime.jp/




# 「小さなお店」で10年後も勝ち続ける
# コンサルの数値化戦略


2023 年 8 月 22 日　初版発行

著　者　寺山大夢
発行者　野村直克
発行所　総合法令出版株式会社
〒 103-0001 東京都中央区日本橋小伝馬町 15-18
EDGE 小伝馬町ビル 9 階
電話　03-5623-5121
印刷・製本　中央精版印刷株式会社

落丁・乱丁本はお取替えいたします。



ISBN 978-4-86280-913-1
総合法令出版ホームページ　http://www.horei.com/